Olive L. Groom
NOTLANDUNG IM HIMALAJA

Alles Liebe u. Gute zum

Geburtstag

von Oma Gisela

Niederaula d. 16. Juni 1985

OLIVE L. GROOM

Notlandung im Himalaja

VERLAG SCHULTE + GERTH ASSLAR

Die englische Originalausgabe erschien im Verlag Pickering & Inglis Ltd., Glasgow unter dem Titel „Yasmin meets a Yak".
© Pickering & Inglis Ltd., 1972
© der deutschen Ausgabe Verlag Schulte + Gerth, Aßlar, 1979
Aus dem Englischen von Hans Georg Henkel und Waltraut Schmalzried

Best.-Nr. 15 447
ISBN 3-87739-447-7
1. Auflage 1983
Umschlaggestaltung: Herybert Kassühlke
Satz: Typostudio Rücker + Schmidt
Druck und Verarbeitung: Ebner Ulm
Printed in Germany

GERDAS GEBURTSTAG

„Das ist gemein, einfach gemein! Er weiß doch, daß heute mein Geburtstag ist!" jammerte Gerda. Sie war zornig und weinte vor Enttäuschung. „Er hatte es doch versprochen!"

„Rede nicht so über Vati!" tadelte sie Jasmin mit scharfem Ton. „Du weißt ganz genau, daß ein Arzt nicht einfach weggehen und seine Patienten im Stich lassen kann, nur weil er zum Kaffeetrinken gehen will. Du bist schon alt genug, um das zu verstehen. Also, beruhige dich!"

Gerda lief rot an. Obwohl sie nur ein Jahr jünger war als ihre Schwester Jasmin, war sie in der Familie immer als Nesthäkchen behandelt und deshalb etwas verwöhnt worden.

„Aber er hat versprochen, früher nach Hause zu kommen", murmelte sie ärgerlich. „Es ist immer dasselbe, wenn es um uns geht. Jeder ruft, wenn er etwas braucht, und Vater läuft sofort. Seine Familie kommt immer erst nach den anderen. Ich bin das jetzt leid – auch diesen schrecklichen Ort hier bin ich leid – und überhaupt alles!"

Laut weinend rannte Gerda aus dem Zimmer. Jasmin seufzte, als die Tür hinter der Schwester zuschlug. Mechanisch fuhr sie fort, den Kaffeetisch zu decken. Mit ernstem Gesicht stellte sie Kuchenplatten und Schalen mit Früchten in die Mitte des Tisches. Das Dumme war, daß Gerdas Ärger in gewisser Weise berechtigt war. Ihr Vater, Dr. Oake, war der einzige praktische Arzt in dieser abgelegenen Gegend Indiens. Er war immer überarbeitet, und seine Töchter mußten sich damit abfinden, daß sie in seinem Leben erst an zweiter Stelle standen.

Es gab sehr viele Kranke, und Dr. Oake wurde so oft zu Patienten gerufen, daß er selten mehr als ein paar Augenblicke täglich für seine Familie erübrigen konnte. Mit der Zeit hatten sie sich daran gewöhnt, weil es noch nie anders gewesen war. Normalerweise versuchten sie zwar, geduldig zu sein und sich nicht zu beschweren. Doch ab und zu geschah es, daß zumindest Gerda aufbegehrte – so wie heute zum Beispiel.

„Als Mutti noch lebte, war es anders", dachte Jasmin traurig. Sie zuckte leicht die Achseln. Ehrlich gesagt, sie konnte sich kaum noch an ihre Mutter erinnern, jedenfalls nicht genug, um ihr nachzutrauern. Frau Oake war gestorben, als Gerda fünf und Jasmin sechs Jahre alt waren. Die beiden Mädchen hatten nur eine blasse Vorstellung von ihr. Nach dem Tod ihrer Mutter hatten sich Ayahs, so nannte man die freundlichen indischen Kindermädchen, um die Mädchen und ihr Wohl gekümmert. Bis vor kurzem waren sie auch recht glücklich gewesen. Jeden Tag fuhren sie mit anderen Kindern ihres Alters aus Leolali zur Schule in die einzige, etwas größere Stadt, die ein paar Kilometer entfernt war. An dieser Schule wurde nach europäischen Methoden unterrichtet. Bis vor einem Jahr hatten die beiden Arzttöchter gar nicht bemerkt, daß sie die einzigen, nichtindischen Schülerinnen waren. Doch als Gerda sich im letzten Schuljahr über ihre Situation klar geworden war, war sie unruhig, ja ungeduldig geworden.

„Wenn diese Mädchen von der Botschaft nicht in

die Schule gekommen wären, wäre ja alles in Ordnung", überlegte Jasmin. Als sie den Tisch fertig gedeckt hatte, trat sie auf die Veranda hinaus und setzte sich auf das Geländer. Teilnahmslos starrte sie auf die bekannte, staubige und ausgefahrene Straße und die wenigen Häuser von Leolali. „Andauernd redeten sie über England und wie es dort aussehe. Als Gerda das hörte, wurde sie unruhig. Sie kann sich genausowenig an unser Zuhause erinnern wie ich, abgesehen von Großmutters großem Haus, ihren Hunden und daß wir bei ihr einmal im Schnee gespielt hatten. Aber hier wohnen wir ziemlich abgelegen, und niemand kann behaupten, daß es eine schöne Gegend ist. Dabei wäre alles halb so schlimm, wenn Vati öfter zu Hause wäre. Jedenfalls fliegen diese Mädchen von der Botschaft nächste Woche wieder nach Hause. Dann wird Gerda ja vielleicht wieder ruhiger."

Als Gerda sich eine halbe Stunde später an den Geburtstagstisch setzte, hatte sie sich tatsächlich schon etwas beruhigt. Trotzdem hatte sie einen eigenartigen, entschlossenen Zug um den Mund, so daß Jasmin nicht ganz wohl war. Wenn ihr Vater weg war, mußte hauptsächlich sie unter der schlechten Laune ihrer Schwester leiden. Und weil sie selbst von Natur aus friedliebend war, waren ihr hitzige Auseinandersetzungen und Streitigkeiten in der Seele zuwider.

„Ich bin ein friedliebender Mensch", sagte sie oft, um unliebsamen Entscheidungen auszuweichen. Das geschah öfter, als es für sie gut war. Es war Gerda, die immer aufbegehrte. Jasmin ignorierte lieber, was ihr nicht gefiel, und zog es vor, gelassen zu bleiben.

Gerdas Stimmung hob sich merklich, als ihr Lieblingskuchen vor ihr stand. Nach dem Kaffeetrinken redete sie auch wieder mehr.

„Natürlich werden wir in zweierlei Hinsicht überrumpelt", bemerkte sie nachdenklich, wobei sie auf das letzte Stück Obstkuchen starrte. „Das mit Vati, meine ich. Er ist ja nicht nur Doktor, sondern auch noch Missionar, deshalb ist er immer so beschäftigt und hat keine Zeit für uns. Das macht die Sache ja noch schwieriger!"

„Wie meinst du das?" fragte Jasmin ängstlich.

Gerda zuckte die Achseln. „Verstehst du das denn nicht? Ein Arzt muß natürlich sein Bestes für seine Patienten tun, aber wenn er auch noch Missionar ist, dann ist das noch zehnmal schlimmer. Ich meine damit, daß er sich noch mehr aufopfern muß – du weißt, das mit der Nächstenliebe und all diesen Dingen. Normale Menschen wie wir, seine Familie, kommen da nicht mit."

„Aber – wenn man doch ein echter Christ ist", protestierte Jasmin, „dann möchte man doch seinen Nächsten lieben und Gottes Gebote halten."

„Tust du das denn? Sei mal ganz ehrlich, Jasmin!" fragte Gerda mit einer Direktheit zurück, mit der sie schon so manchen aus der Fassung gebracht hatte. „Ich kann dir nämlich ehrlich sagen, ich tue es nicht. Ich habe nichts gegen Leute, die ich mag und die in Ordnung sind, aber ich bin nicht besonders interessiert an Leuten, die ich nicht kenne. Und die ich nicht leiden kann, können wir mir sowieso gestohlen bleiben. Wie ist das bei dir? Sei mal ganz ehrlich!"

Jasmin, die es mit der Wahrheit sehr genau nahm, zögerte. Sie schwankte zwischen dem, was ihre Erziehung und ihr Instinkt ihr sagten, und dem, was sie in Wirklichkeit empfand. Am Ende entschied sie sich doch für die Wahrheit.

„N-nein, ich glaube, mir sind die anderen auch

ziemlich egal", antwortete sie zögernd. Ihre Augen weiteten sich vor Entsetzen, als sie diesen Gedanken zu Ende dachte und fortfuhr: „Und weißt du was? Das bedeutet, daß wir eigentlich gar keine richtigen Christen sind. Wir sind – so 'ne Art Heuchler."

„Ganz genau", stimmte ihr ihre Schwester bei. „Ich mache auch so nicht mehr weiter, keinen Moment länger. Nur weil wir zufällig die Töchter eines Missionars sind, heißt das noch lange nicht, daß wir das gleiche glauben müssen wie er. Ich fühle mich nicht als Christ, und da ich mich kein bißchen für Religion interessiere, werde ich auch nicht länger heucheln. Ich werde es Vati sagen, wenn er nach Hause kommt."

„Dann wird er sich aber schrecklich aufregen", meinte Jasmin besorgt.

„Ich kann nicht anders!" Gerdas Stimme klang sehr entschlossen. „Und noch etwas. Ich habe genug von diesem Nest hier, wo man kilometerweit vom nächsten Ort entfernt festsitzt. Ich möchte endlich mal eine richtige Stadt sehen und herausfinden, wie es sich dort leben läßt!"

„Was meinst du damit?" fragte ihre Schwester ausweichend. Sie wollte ein ernsteres Gespräch im Moment vermeiden.

„Och, das weiß ich auch nicht so genau. Aber es muß doch mehr im Leben geben als – als Teesträucher und Monsunregen. Und das ist ja nun wirklich alles, was hier passiert. Hast du dir eigentlich schon einmal klar gemacht, daß wir erst zweimal in unserem Leben in einem richtigen Auto gesessen haben? Ich kann mir schon gar nicht mehr vorstellen, wie ein richtiger Zug aussieht."

„Das ist schon eine halbe Ewigkeit her. Damals sind wir zu dieser Konferenz nach Delhi gefahren. Da hast du einen Zug gesehen, auch wenn du es vergessen hast. Ich weiß noch, wie du geschrieen hast, weil du Angst vor der Eisenbahn hattest. Und als wir im Auto zurückfuhren, warst du richtig krank", konnte sich Jasmin erinnern.

„Naja, wenn ich wenigstens irgendwo anders hingehen könnte, das wäre schon ein Fortschritt", entgegnete Gerda und trat unruhig ans Fenster. „Ich hasse es, hier inmitten von Teeplantagen festzusitzen, meilenweit nichts als Büsche und Sträucher zu sehen. Ich werde Vati das alles erzählen. Er hat schließlich seinen Beruf, mit dem er ausgefüllt ist, aber bei mir ist das anders. Ich glaube, es wird höchste Zeit, daß wir selbst einmal tun und lassen können, was wir wollen. Weißt du, irgendwo hinfahren und sich amüsieren, so wie es andere Mädchen auch tun. Ich wollte schon immer einmal Schlittschuhlaufen, Skifahren oder bei einem Wettschwimmen mitmachen."

„Du kannst doch auch hier schwimmen", warf Jasmin ein.

„Ach, hier!" Ihre Schwester rümpfte die Nase. „Hier gibt es doch nur ein kleines, dreckiges Becken, und ohne Gegner macht es sowieso keinen Spaß." Halb ungeduldig, halb neugierig schaute sie ihre ältere Schwester an. „Jasmin, sei doch mal ehrlich, bist du wirklich gern hier? Gibt es nicht etwas, was du lieber tätest?"

Jasmin stieß einen tiefen Seufzer aus. „Natürlich würde ich eine Menge Dinge lieber tun", gab sie zu. „Nur – hier ist unser Zuhause, und Vati arbeitet hier und ..."

„... und wir kennen nichts Besseres, deshalb sollen wir schön brav und zufrieden sein", fuhr Gerda fort. Sie packte ihre Schwester am Arm. „Jasmin, wir brauchen uns nicht einfach damit abzufinden. Wir sind erwachsen – na ja, jedenfalls fast. Es wird Zeit, daß wir an unsere Zukunft denken. Ich bin sicher, daß Vati das einsieht, wenn wir es ihm erklären …"

„O nein, das geht nicht! Das würde ihm sehr weh tun!"

„Es würde ihm aber noch mehr weh tun, wenn wir das Leben hier so leid würden, daß wir wegliefen", unterbrach Gerda ihre Schwester. „Ja, es ist mir Ernst damit, Schwesterherz!" Jasmin schaute bei diesen Worten entsetzt auf, doch Gerda fuhr unbeirrt fort: „An diesem Ort bekomme ich das Gruseln, und ich werde es nicht mehr lange hier aushalten. Ich bin jetzt vierzehn Jahre alt und kann für mich selbst sorgen. Du kannst tun, was du willst."

„Ich mache mit, Gerda, nur paß auf, daß du es Vati schonend beibringst. Es wäre schlimm, wenn wir ihn verletzen würden", meinte Jasmin, die – wie immer – allem auswich, was ihrem Vater Kummer bereiten könnte.

„Natürlich werde ich vorsichtig sein, was denkst du denn von mir?" entrüstete sich Gerda. Mit einer energischen Geste strich sie sich ihr kurzes, lockiges Haar aus dem Gesicht. „Ich werde niemand weh tun, aber ich will hier raus! Habe ich denn nicht das Recht dazu? Vater scheint es ja auch nicht zu stören, wenn er mir weh tut. Er versprach mir so fest, daß er heute früher nach Hause kommen würde!"

„Es muß ihn etwas aufgehalten haben. Er würde sein Versprechen nie vergessen."

„Dann hätte er uns ja benachrichtigen können!" meinte Gerda trotzig. Und das schien ihr letztes Wort in dieser Angelegenheit zu sein.

Sie drehte sich um und lief unruhig in dem langen,

niedrigen Wohnzimmer umher, während sich Jasmin auf dem Sofa ausstreckte und anfing, davon zu träumen, wie wohl das Leben woanders aussähe. Sie hatte nie jemandem etwas von ihren Träumen erzählt. Ihr Lieblingstraum hing mit ihren Eindrücken von Großmutters Haus im fernen Cornwall zusammen. Ihr großes Haus lag in einem wunderschönen Garten. Hinter dem Haus stand eine Reihe hoher Tannen. Ein kleiner Pfad schlängelte sich zum Strand hinunter, wo die See schäumte. Die Wellen brachen sich an Felsblöcken, die den weißen Sandstrand schützten. Hier und da hatten sich flache Wassertümpel gebildet. Kleine interessante Tiere waren erschrocken davongelaufen, als Jasmin mit nackten Füßen durch das von der Sonne erwärmte Wasser gelaufen war. Wenn sie die Augen schloß, konnte sie sich vorstellen, das Rauschen des Meeres zu hören und die frische Brise vom Meer her im Gesicht zu spüren. Sie überlegte, ob sich ihre Mutter wohl manchmal nach ihrer Heimat gesehnt hatte, wo sie ja aufgewachsen war.

Vater stammte auch von Cornwall. Das einzige Bild an der Wand seines Sprechzimmers zeigte eine kleine Kirche auf einem hohen Felsen über der Küste.

„Vielleicht haben Gerda und ich deshalb so große Sehnsucht nach Cornwall", dachte Jasmin. Plötzlich richtete sie sich erschrocken auf: „Was ist das?"

„Es ist etwas passiert!" Gerda lief auf die Veranda hinaus und lehnte sich über das Geländer, um die Straße hinuntersehen zu können. In der Ferne hörte sie Weinen und Klagen, das jedoch mit jeder Minute lauter wurde. „Ich glaube, jemand hat einen Unfall gehabt. Alle rennen zum Krankenhaus, um Vati zu holen. Wie immer!"

Jasmin trat neben ihre Schwester an das Geländer

und lauschte auf den immer lauter werdenden Lärm. Als sich die Menschenmenge dann eine Seitenstraße hinunter auf das Krankenhaus zubewegte, zuckten die Mädchen mit den Achseln und gingen still ins Haus zurück. Sie waren enttäuscht, denn nun würde ihr Vater zweifellos noch später nach Hause kommen.

Obwohl Gerda nichts sagte, verriet ihr Gesichtsausdruck doch ihre Gefühle, während sie eine Schallplatte auflegte. Jasmin wurde klar, daß dieses Ereignis ihre Schwester in der Auflehnung gegen ihre derzeitige Situation nur noch bestärken würde. Doch wenn sie ehrlich war, mußte sie zugeben, daß Gerda nur das ausgesprochen hatte, was auch sie im stillen schon längere Zeit gedacht hatte. Keine von ihnen beiden interessierte sich für den Doppelberuf ihres Vaters als Missionar und Arzt.

„Ich glaube, daß es besser ist, wenn wir ehrlich sind und Vati davon erzählen", dachte sie gerade, als sie eilige Schritte auf der Veranda hörte.

Die Tür ging auf, und Dr. Oakes junger Assistent stand keuchend vor ihnen.

„Dr. Sahig – sehr krank", stieß er aufgeregt hervor. „Ihr mitkommen – bitte!"

VATER VERUNGLÜCKT

„Muß er sterben?" hörte Gerda sich sagen. Ihre Stimme klang ganz heiser.

„Nein, natürlich nicht!" sagte Jasmin schnell, ohne selbst davon überzeugt zu sein. „Er wird bald wieder in Ordnung sein, wenn Dr. Southgate ihn erst einmal untersucht hat. Jedenfalls war es gut, daß wenigstens Loti und Sari dabei waren. Sie wußten, was sie mit dem gebrochenen Bein anzufangen hatten."

„Aber Loti sagt, es sei ihm schlecht geworden, und deshalb sei er gefallen und habe das Bein gebrochen!" Gerda war unruhig wie immer und fuchtelte mit den Armen aufgeregt vor dem Fenster herum. „Wenn doch nur der andere Doktor käme! Es muß doch schon eine Ewigkeit her sein, seit er die Nachricht bekommen hat!"

„Dr. Southgate muß über 300 Kilometer fahren", stellte Jasmin fest. „Wahrscheinlich wird er es nicht schaffen, vor sechs Uhr heute abend hier zu sein. Loti sagt, Vati habe im Moment – kaum – Schmerzen."

Gerda legte schnell ihren Arm um ihre Schwester. Sie wußte, daß Jasmin genauso ängstlich und besorgt war wie sie selbst. Um bequemer zu sitzen, lehnten sich die beiden auf der harten Wartezimmerbank aneinander. Sie saßen nun schon die ganze Nacht da, von dem Moment an, als Loti sie in ihrem Bungalow benachrichtigt hatte. Und obwohl Sari und die anderen Krankenpfleger zwei Feldbetten für die beiden

Mädchen aufgestellt hatten, hatten sie, abgesehen von kurzen Nickerchen, kaum geschlafen.

Im hinteren Teil des einstöckigen Gebäudes lag Dr. Oake. Er war halb bewußtlos und offensichtlich schwer krank. Obendrein hatte er noch ein Bein gebrochen. Als er von der Behandlung eines Verunglückten zurückkam, war er auf dem Rückweg an einem Abhang zusammengebrochen.

Loti war den erschrockenen Mädchen eine große Hilfe gewesen. Er hatte seinen Bruder mit einem Jeep, den er von dem einzigen Autobesitzer in Leolali geliehen hatte, zum nächsten Krankenhaus geschickt, um Hilfe zu holen. Der junge indische Klinikhelfer mit seinem begrenzten Wissen hatte sein möglichstes getan, um dem Patienten zu helfen. Aber selbst der unerfahrenen Gerda war klar, daß ihr Vater mehr als erste Hilfe benötigte.

„Jasmin, mir – mir ist ganz elend", sagte sie nach einer Weile. „Er – Vati muß da draußen gelegen haben, a-als ich so böse war, daß er nicht zu meinem Ge – Geburtstags-Kaffeetrinken kam. Wenn – wenn Gott es ihm nur besser gehen läßt, verspreche ich, nicht mehr so viel zu nörgeln, ehrlich."

„Ich glaube, du wirst doch wieder anfangen zu jammern – wir beide werden es tun", meinte Jasmin. „Trotzdem wollen wir uns mehr Mühe geben, uns zu bessern."

Sari und die Ayah brachten den beiden Mädchen gerade etwas zu trinken herein und überredeten sie, doch auf die Veranda hinauszugehen, um wenigstens einmal etwas anderes zu sehen als die Wände des Wartezimmers.

Es wurde ein langer und düsterer Tag, den keines der beiden Mädchen je vergessen sollte. Es gab nichts, was sie für ihren Vater hätten tun können, außer beten. Außerdem waren sie viel zu unruhig, um etwas anderes zu tun. Gerda fiel es sogar schwer zu beten. In der letzten Zeit war sie durch ihre innere Auflehnung zu der Überzeugung gekommen, daß, obwohl es wahrscheinlich einen Gott gab, es keinen Wert hatte zu beten.

Außerdem paßte es kaum zusammen, auf der einen Seite Gott anzuzweifeln und auf der anderen Seite doch um seine Hilfe zu bitten. Jasmin, die weniger durcheinandergebracht war als ihre Schwester, betete nur lautlos um Mut. Wie immer fürchtete sie sich vor Krankheit und Leiden. Ohne daß man es ihr gesagt hatte, wußte sie, daß ihr Vater sehr krank war. Trotz der Hitze dieses Tages spürte sie einen eisigen Klumpen der Angst in sich, der durch nichts zu schmelzen war.

Vom frühen Nachmittag an hockten die beiden Mädchen auf der Veranda und warteten voller Ungeduld auf die Rückkehr des Jeeps. Gegen fünf Uhr kamen sogar der ruhige Sari und auch Loti abwechselnd auf die Veranda gelaufen, um suchend die staubige Straße hinunterzuschauen. Endlich, als Gerda glaubte, die Spannung nicht mehr länger aushalten zu können, tauchte der Jeep auf.

„Er kommt – er kommt – oh, nein! Es ist niemand mit ihm gekommen! Kala ist allein!" schrie Jasmin, als der Jeep in Sicht war und sie Lotis Bruder alleine drin sitzen sahen. „Dr. Southgate ist nicht mitgekommen!"

„Da kommt noch ein Auto!" Gerda konnte dank ihres guten Gehörs noch den Motor eines weiteren Fahrzeugs hören, owohl der ohrenbetäubende Lärm des alten Jeeps fast alle anderen Geräusche übertönte. Und da kam auch schon ein Landrover in der Staubwolke des Jeeps zum Vorschein. Ein paar Minuten später parkten beide Fahrzeuge vor der Klinik. Ehe die Mädchen etwas sagen konnten, stand Dr. Southgate schon auf der Veranda. Ein anderer Mann und ein großes, blondes Mädchen waren ihm gefolgt.

„Kinder, das ist Dr. Ward, einer meiner Kollegen. Wo ist denn der Patient? Loti, zeig mir bitte den Weg!"

„Ihr armen Schäfchen! Schaut doch nicht so erschrocken drein! Wir sind alle hier, um zu helfen." Das blonde Mädchen legte liebevoll den Arm um Jasmin, die plötzlich vor Erleichterung zu zittern anfing, und schaute Gerda lächelnd an. „Ihr werdet mich wohl nicht kennen. Ich bin Anne Southgate. Meine Mutter konnte nicht mitkommen, weil meine kleinen Brüder noch zu Hause sind. Eine Person hat vollauf damit zu tun, auf sie aufzupassen. Sobald es eurem Vater besser geht, werden wir ihn mit zu uns nehmen. Dr. Ward wird die Arbeit in der Klinik übernehmen, solange euer Vater krank ist. Ihr beiden kommt natürlich auch zu uns nach Hause. Aber während sich die Ärzte jetzt um ihren Patienten kümmern, könntet ihr mir eigentlich einmal euer Haus zeigen. Wir können schon ein bißchen anfangen zu packen."

Unter Annes freundlicher Obhut waren die Mädchen während der nächsten Zeit vollauf beschäftigt.

„Wir werden euren Vater ausfliegen lassen", erklärte Dr. Southgate, nachdem er seinen Patienten Dr. Wards Fürsorge überlassen hatte. „Ein Hubschrauber der Armee wird bald hier sein und ihn in unser Krankenhaus bringen. Anne bleibt heute nacht bei euch, und morgen nimmt sie euch dann mit zu uns nach Hause. Ich werde natürlich mit eurem Vater fliegen. Am besten packt ihr gleich mit Anne die Sachen. Dann kann Dr. Ward hier einziehen und den Dienst in der Klinik übernehmen."

„Das ist – das ist wahnsinnig nett von Ihnen", stammelte Jasmin. Sie sah genauso verwirrt aus, wie sie sich fühlte. „Aber – aber geht das denn in Ordnung, daß Dr. Ward so einfach hierbleibt? Ich meine, wir wissen ja gar nicht, wann wir zurückkommen, und ..." Unsicher hielt sie plötzlich inne, als sie sah, wie Dr. Southgate und seine Tochter einige bedeutsame Blicke austauschten.

„Ihr werdet nicht mehr zurückkommen, Jasmin", sagte der Arzt mit ruhiger Stimme. „Offensichtlich hatte euer Vater keine Zeit, euch seine Pläne mitzuteilen. Ich glaube, er hat es sich als eine Überraschung für Gerdas Geburtstag aufgehoben. Er wußte schon seit längerem, daß es ihm nicht so gut ging. Deshalb waren wir auch auf den heutigen Unfall eigentlich vorbereitet. Euer Vater wartete nur darauf, daß Dr. Ward in der Lage war, seinen Platz hier zu übernehmen. Dann wollte er mit euch nach England zurückkehren."

„Nach England!" Über die Mädchen brach eine Welle gemischter Gefühle herein, so daß sie nicht wußten, ob sie lachen oder weinen sollten. Anne ahnte, was sie empfanden, und gab ihnen noch einige Erklärungen dazu.

„Ja, so wie wir es mitbekommen haben, hat eure Großmutter, als sie vor ein paar Jahren starb, ihr Haus eurem Vater vererbt. Zur Zeit wohnt eure Tante Elisabeth dort. Aber es ist ja ein ziemlich großes Haus. Euer Vater hat angeordnet, daß ihr alle dort hinzieht und mit eurer Tante darin wohnen werdet. So werdet ihr ein schönes Zuhause haben und könnt auch eure Ausbildung beenden. Na – ist das der Hubschrauber schon, Vati?"

Tatsächlich – er war schon da. Auf dem einzigen freien Platz vor dem kleinen Krankenhaus in Leolali senkte er sich nieder. Es blieb keine Zeit mehr, die große Neuigkeit weiter zu besprechen. Wären die Mädchen nicht in so großer Angst um ihren Vater gewesen, der blaß und still auf einer Trage lag, dann hätten sie vor Freude getanzt. Er war so krank und schwach, daß er kaum ihre Namen flüstern konnte. Deshalb wagten sie nicht, an all das Schöne zu denken, das auf sie zukam.

„Kopf hoch, Kinder!" sagte Dr. Southgate mit einem aufmunternden Lächeln, als er hinter der Trage den Hubschrauber bestieg. „Mit guter Behandlung und Pflege bringen wir ihn bald wieder auf die Beine, so Gott will. Mach's gut, Anne! Paß gut auf dich auf und fahr morgen vorsichtig!"

Die kleine Gruppe – Dr. Ward, Loti, Sari, Anne und die beiden Schwestern – stand etwas entfernt auf dem vertrockneten Rasen, während der Hubschrauber abhob und davonflog. Alle schauten ihm nach, bis nur noch ein kleiner, schwarzer Fleck am Horizont zu sehen war. Schließlich stieß Gerda einen tiefen Seufzer aus.

„Armer Vati, er kann seine Reise nicht einmal genießen!" sagte sie mit Tränen in den Augen, obwohl sie versuchte, sich zu beherrschen.

Jasmin wischte sich mit dem Handrücken über die Augen und zeigte ein von Tränen getrübtes Lächeln. „Ich glaube nicht, daß er sich darüber Gedanken macht. Komm, Gerda, es gibt noch eine Menge zu tun, ehe wir morgen wegfahren! Fräulein Southgates Zimmer haben wir auch noch nicht hergerichtet."

„Oh, sagt bitte Anne, nicht Fräulein Southgate!" warf die etwas ältere Anne ein. „Sonst fühle ich mich schon wer weiß wie alt."

Dabei hängte sie sich mit beiden Armen bei den Mädchen ein und ging mit ihnen ins Haus zurück.

Ihre ganze Aufmerksamkeit galt jetzt dem Packen. Die beiden Schwestern hatten vierundzwanzig aufgeregte und anstrengende Stunden hinter sich, und Anne wußte, daß sie kaum geschlafen und gegessen hatten, so daß sie kurz vor dem Zusammenbruch standen. Je früher sie also im Haus und im Bett waren, desto besser. Trotzdem sorgte Anne dafür, daß die beiden, nachdem sie das Haus erreicht hatten, noch eine Weile zu tun hatten und schließlich todmüde ins Bett sanken, ohne die Tabletten anzurühren, die Dr. Southgate seiner Tochter vorsichtshalber dagelassen hatte.

„Schlaf ist im Augenblick die beste Medizin für sie", stimmte Dr. Ward Anne zu. Er war etwas später ins Haus gekommen, um zu sehen, ob alles in Ordnung sei. „Das war ein schwerer Schlag für sie, aber sie haben alles gut überstanden. Die Freude und Aufregung, nach England zurückzukehren, werden ein übriges tun. Bis ihnen dann klar wird, daß ihr Vater zunächst arbeitsunfähig sein wird, werden sie sich erholt haben, so daß sie auch das ertragen können."

„Wie geht es ihm denn?" fragte Anne, nachdem sie zustimmend genickt hatte.

„Sein Zustand ist ernst, aber nicht hoffnungslos. Immer das gleiche, er war schon seit Monaten krank. Ich weiß gar nicht, wie er es geschafft hat, so lange durchzuhalten."

„Seine Gnade genügt auch mir", zitierte Anne leise. „Vater sagt, der Glaube an Gott gab Dr. Oake die Kraft, hier so viel zu leisten. Dieser Berg an Arbeit hätte einen schwächeren Mann fix und fertig gemacht – überhaupt jeden, der es ohne Gottes Hilfe versucht hätte."

„Ihr Vater hat recht. Ich hoffe nur, daß auch mein Glaube stark genug sein wird", sagte Dr. Ward ernst.

Dann ging er im Dunkeln zurück zu seinem vorübergehenden Quartier im Krankenhaus.

Nach den Aufregungen des vergangenen Tages und der Nacht davor schliefen alle am nächsten Morgen sehr lange. Die Sonne stand schon hoch am Himmel, als es im Haus schließlich lebendig wurde.

„Wir müssen uns beeilen, wenn wir heute abend bei uns zu Hause sein wollen", sagte Anne. „Die Straßen sind ziemlich schlecht. Ich will zwar nicht drängen, aber beeilt euch bitte, wenn ihr euch von den Leuten hier verabschiedet."

„In Ordnung", sagten Jasmin und Gerda wie aus einem Munde. Und sie hielten auch Wort, denn Jasmin verabschiedete sich ungern von Leuten, die sie mochte, und Gerda war klar geworden, daß ihr größter Wunsch in Erfüllung gegangen war. Sie war zu aufgeregt, um sich auch nur einen Moment länger als nötig aufzuhalten.

„Macht euch keine Gedanken, wenn ihr etwas vergessen habt einzupacken. Ihr braucht es mir nur zu schreiben, und ich werde dafür sorgen, daß ihr es nachgeschickt bekommt", versicherte ihnen Dr. Ward.

Schließlich waren sie soweit, daß sie sich mit einer Umarmung und einem Kuß von der indischen Krankenschwester und von Sari verabschieden konnten. Ehe sie dann den Landrover bestiegen, schüttelten sie noch Loti und einem guten Dutzend anderer Freunde die Hand. Mit einem kräftigen Brummen sprang der Motor an, und dann fuhren sie, eine große Staubwolke hinter sich, davon.

„So, das wäre geschafft!" sagte Gerda befriedigt. „Jetzt ist Schluß mit dem Hinterwäldler-Dasein. Welt, paß auf, wir kommen!"

„Ich wünschte, wir hätten die Ayah oder auch Sari mitnehmen können. Aber ich glaube, wir können einfach nicht alles haben, was wir gern hätten. Auch nicht draußen in der Welt", seufzte Jasmin, teils bedauernd, teils zufrieden.

Anne mußte laut lachen: „Gerade draußen in der Welt bekommt man noch weniger, was man gern hätte."

Überrascht schauten die Mädchen sie an. „Je mehr Leute um einen herum sind, desto mehr muß man die Kunst beherrschen, auch mit ihnen zu leben. Es tut mir leid, euch das sagen zu müssen, aber so ist es."

„Wir werden es schon schaffen", erklärte Gerda zuversichtlich, während Jasmin zu zweifeln schien. „Ich freue mich auf die Herausforderung."

JASMIN SAGT IHRE MEINUNG

„So, alles aussteigen bitte!" Anne Southgate brachte den Landrover unter einer Baumgruppe zum Stehen. Sie nickte ihren Begleiterinnen zu. Die Mädchen stiegen aus, froh, sich nach der langen, anstrengenden Fahrt strecken zu können.

„Reich mir doch bitte den Picknickkorb raus, Gerda! Wir wollen erst einmal einen Bissen zu uns nehmen. Oh, bin ich steif vom Fahren!"

„Ich auch, obwohl man nicht gerade sagen kann, daß wir während der Fahrt stillgesessen haben", sagte Gerda kichernd. „Wir wurden hin und her geschüttelt, wie – wie Bohnen in einer Dose."

„Ich bin froh, daß Vati nicht auf diese Art reisen mußte", meinte Jasmin in etwas ernsterem Ton. „Er hätte bestimmt große Schmerzen gehabt."

„Das stimmt, deshalb haben wir ja auch den Hubschrauber genommen. Hier habt ihr etwas zu trinken. Wir können leider nicht allzulange Rast machen", bemerkte Anne.

Während Gerda sich offensichtlich vom Schock über den Zusammenbruch ihres Vaters schnell erholt hatte, wurde deutlich, daß die feinfühligere Jasmin von dem Vorfall tiefer getroffen war. Die jüngere Schwester war überzeugt, daß ihr Vater in guten Händen war und daß es ihm bald besser gehen würde. Daher schaute sie voller Erwartung all dem Neuen entgegen, das auf sie wartete. Jasmin hingegen war immer noch ziemlich durcheinander über den plötzlichen Aufbruch und die Krankheit ihres Vaters.

„Ihr beiden seid euch auch nicht gerade ähnlich, oder?" meinte Anne nachdenklich, als die drei ihren kleinen Picknickkorb wieder einpackten. Sie hatten sich mit Eistee und etwas Obst erfrischt. „In unserer Familie sehen wir alle fast gleich aus, obwohl wir im Wesen sehr verschieden sind."

„O nein, Gerda ist unsere Familienschönheit", entgegnete Jasmin. Ohne neidisch zu werden, schaute sie ihre Schwester an. „Loti und die anderen nannten sie immer ‚unser Goldstück'."

„Jetzt bin ich eher das Silberstück!" sagte Gerda trocken. „Die Sonne hat mein Haar so gebleicht, daß es fast weiß geworden ist. Ich werde von der Sonne nicht einmal braun wie Jasmin. Sie ist in Wirklichkeit das Goldstück!"

„Aber nur meine Haut, mein Haar ist fade", sagte Jasmin. „Ich glaube, wenn wir nach England kommen, wird es schrecklich aussehen, und du wirst dann honigblond leuchten."

„England! Ich kann es kaum erwarten!" schnatterte Gerda aufgeregt, als sie wieder in den Landrover stiegen, um weiterzufahren. Als sie abfuhren, verstummte das Gespräch, denn das schon etwas ältere Gefährt ratterte, donnerte und zitterte über die unbefestigten Straßen und erzeugte dabei so viel Krach und Staub, daß man sich nicht mehr unterhalten konnte. Anne wurde allmählich müde. Die Fahrerei und die heiße Luft machten ihr doch zu schaffen. Die Gegend, durch die sie fuhren, war nicht besonders interessant. Nachdem sie die Teeplantagen hinter sich gelassen hatten, war kilometerweit nur Busch zu sehen. Schließlich wand sich die Straße ins Flachland hinunter, wo es öde und fast kahl aussah. Die Hitze wurde merklich größer.

„Bin ich froh, wenn ich diesem trostlosen Land den Rücken kehren kann!" sagte Gerda energisch, als sie am Nachmittag eine zweite kurze Erfrischungspause machten. „Hier gibt es doch nur Eintönigkeit und Elend. Ich hasse dieses Indien!"

„Es gibt auch sehr viel Schönes hier, man muß nur die richtigen Augen dafür haben", erwiderte Anne ruhig. „Das mit dem Elend stimmt, deshalb sind Leute wie euer Vater und mein Vater hier. Wenn eines Tages genug getan worden ist und Leute ausgebildet sind, wird eine Zeit kommen, in der Armut und Krankheit überwunden sein werden. Dann werden die Leute hier denselben hohen Lebensstandard haben wie wir."

Gerda warf trotzig den Kopf in den Nacken.

„Ich weiß. Aber was mich betrifft, interessiert mich das alles gar nicht. Ich sehe nicht ein, daß Menschen wie unser Vater ihr ganzes Leben opfern sollen – und oft sogar ihre Gesundheit aufs Spiel setzen – nur für andere Leute. Und manche von ihnen sind oft nicht einmal dankbar dafür."

„Gerda, ich wünschte, du würdest nicht so reden", warf Jasmin ein, sichtlich bekümmert über die Einstellung ihrer Schwester, die trotzig das Haar aus dem Gesicht strich.

„Warum nicht, ist doch wahr! Das weißt du ganz genau. Ich würde das alles nicht tun, auch nicht, wenn ich Arzt wäre."

„Ist das nicht eine ziemlich egoistische Einstellung?" entgegnete Anne freundlich. Sie wählte ihre Worte mit Bedacht. Schon in der kurzen Zeit, die sie mit Dr. Oakes Töchtern zusammen verbracht hatte, war ihr klar geworden, daß die jüngere die schwierigere von beiden war und obendrein noch verwöhnt.

„Nein, das glaube ich nicht", entgegnete Gerda. Ihre dunkelbraunen Augen funkelten vor Ärger. „Ich bin schon bereit, den Leuten zu helfen, die ich kenne, wie – wie zum Beispiel Verwandten und Freunden. Ich bin nicht egoistisch. Es ist nur – ich kann mich nicht aufregen und ängstigen um Leute, die ich gar nicht kenne. Das würde ich nie behaupten, denn das wäre noch schlimmer als egoistisch zu sein. Es wäre absolut unehrlich!"

Jasmin biß sich nervös auf die Lippen. Sie war bedrückt. Anne jedoch war bei Gerdas Ausbruch gelassen geblieben.

„Ich gebe zu, daß es unehrlich wäre, etwas vorzutäuschen", sagte sie ruhig. „Ich hoffe jedoch, du willst nicht sagen, daß euer Vater oder mein Vater unehrlich sind, oder? Wie stellst du es dir denn vor, daß sie es schaffen, sich um so viele fremde Leute zu kümmern?"

Gerda war etwas verdutzt, hatte sich jedoch rasch wieder gefaßt.

„Na ja – sie – sie sind erwachsen und – Ärzte – und – natürlich glaube ich nicht, daß sie unehrlich sind", antwortete sie ziemlich unwirsch.

„Glaubst du denn, daß es den Erwachsenen leichter fällt, sich um andere Leute zu kümmern?" fragte Anne mit einem schwachen Lächeln. Die stille Jasmin half ihr, den Picknickkorb wieder einzupacken.

„Es muß schon so sein", gab Gerda geradeheraus zur Antwort, während sie die Becher in einem der Wasserbehälter, die sie bei sich hatten, ausspülte.

Anne lachte, obwohl sie zu müde war, um sich jetzt auf eine Diskussion einzulassen. „Mein liebes Mädchen, das ist ganz sicher nicht der Fall. Ich kann es dir versichern."

„Warum quälen sie sich dann so, um alles in der Welt?" Gerda trocknete die Becher ab und verstaute sie dann mit einer energischen Geste im Wagen.

„Ich bin sicher, daß du es weißt, ohne daß ich es dir sage, Gerda." Anne schaute der jungen Rebellin offen in die Augen. Gerdas helles Gesicht, das selbst die Sonne nicht dunkel färben konnte, wurde rot wie eine Tomate. Trotzdem hielt sie dem Blick des älteren Mädchens stand.

„Ich nehme an, ich weiß es. Sie tun es, weil sie entschiedene Christen sind. Ich aber habe vor ein paar Tagen beschlossen, daß ich kein Christ sein will. Das ist alles, was ich dazu zu sagen habe."

Anne schaute sie scharf an, ohne jedoch ein Wort zu erwidern. Dann setzte sie sich ans Steuer, neben Jasmin, die schon eingestiegen war, um einen Streit mit Gerda zu vermeiden.

„Hm. Ich hätte nicht gedacht, daß du dich drückst", sagte Anne zu Jasmin. Dann ließ sie den Motor an, dessen ohrenbetäubender Lärm wieder einmal der Unterhaltung ein Ende setzte. Die drei hatten immer noch fast einhundert Kilometer zu fahren, ehe sie das Haus der Familie Southgate erreichen würden. Anne war überzeugt, daß sie Gerda für den Moment genug zu denken gegeben hatte. Sie hielt ihre junge Begleiterin sowohl für ein bißchen überheblich als auch für verzogen. Nach Gerdas schmollenden Mundwinkeln zu urteilen, hatte Anne recht. Die Beschwerden des letzten Stücks ihrer Reise nahm Gerda gar nicht mehr wahr, da sie ärgerlich über die bloße Andeutung grübelte, sie könne ein Feigling sein.

Sie war gewöhnt, eine einigermaßen gute Meinung

von sich selbst zu haben. Wegen ihrer Lebhaftigkeit und ihrem guten Aussehen hatte sie sich auch eine gewisse Führungsrolle gegenüber anderen Mädchen erkämpft. Doch Gerdas Selbsteinschätzung hatte jetzt einen starken Knacks bekommen. Da sie Anne nicht sofort ein Gegenargument liefern konnte, war sie gezwungen, weiter über die ganze Sache nachzudenken. Als sie dann die Randgebiete einer etwas größeren Stadt erreichten, war Gerda zu dem Schluß gekommen, daß sie sich wohl am meisten davor fürchtete, konsequent Jesus nachzufolgen.

„Ich glaube, in gewisser Hinsicht bin ich ein Feigling", gestand sie sich ein, „aber nur, weil ich gesehen habe, wie Vati sich aufopfern mußte und wie hart er gearbeitet hat. Ich glaube einfach nicht, daß ich jemals so sein könnte wie er. Ich möchte mich amüsieren und das Leben genießen, und ich glaube nicht, daß das falsch ist. Das ist meine Einstellung."

Im nächsten Moment wurde ihre Aufmerksamkeit von dem Betrieb der Stadt abgelenkt. Anne fuhr vorsichtig durch die engen Straßen, die von Ochsengespannen, Radfahrern und Fußgängern verstopft waren. Der ganze Verkehr bewegte sich langsam vorwärts, ohne daß sich jemand um Verkehrsregeln kümmerte. Leuchtreklamen erhellten nun schon die kleinen, höhlenartigen Geschäfte. Der Geruch der scharfen, würzigen indischen Gerichte drang von allen Seiten auf sie ein und war sogar im Landrover zu riechen. Langsam schlängelte sich Anne durch all das Durcheinander hindurch und kam schließlich auf eine breitere Straße. An dieser nicht sehr verkehrsreichen Straße lag, etwas abseits von der Stadt, ein modernes, großes Krankenhaus mit einigen im europäischen Stil erbauten Wohnhäusern.

Vor einem Bungalow, der direkt neben dem Krankenhaus stand, hielt Anne an. Als der Motor aufhörte zu brummen, trat eine etwas untersetzte Frau mit blonden Haaren auf die kleine Terrasse, gefolgt von Dr. Southgate.

„Mein liebes, altes Elternhaus!" sagte Anne. „Steigt aus, Mädchen, wir sind da. Hallo, Vati, Mutti! Ich hatte euch ja gesagt, daß wir es schaffen würden, wenn die alte Kiste durchhält und nicht auf der Straße zusammenbricht."

„Der Landrover sieht nicht mehr gut aus, ich weiß, aber man kann sich doch auf ihn verlassen", protestierte Dr. Southgate lächelnd. Er sah gleich, daß die beiden jüngeren Mädchen müde und besorgt waren, weil sie ja nun erfahren würden, wie es ihrem Vater ging. „Kommt herein, Kinder! Ich finde, wir sollten euren Vater heute abend nicht mehr besuchen. Er ist gerade eingeschlafen. Aber ich verspreche euch, daß ihr morgen früh gleich zu ihm gehen könnt."

„Oh, gut! Dann ist ja alles in Ordnung", sagte Gerda, unbekümmert wie immer. Aber Jasmins dunkle Augen sahen den Doktor ängstlich an.

„Es geht ihm doch – gut, oder?" wollte sie ängstlich wissen.

„Er ist ziemlich krank und zur Zeit noch sehr müde, aber auf die Behandlung spricht er gut an", antwortete der Arzt freundlich. Mit einer ungeduldigen Geste schaltete sich seine Frau ein: „Jetzt kommt aber herein, Jasmin und – Gerda, so heißt du doch? Ja, kommt und fühlt euch wie zu Hause. Ihr beiden schlaft in dem Zimmer neben Anne."

Frau Southgate unterhielt sich weiter mit den beiden Schwestern und führte sie ins Haus. Dann zeigte sie ihnen das Gästezimmer. Die Mädchen waren müde und verschwitzt. So nahmen sie gern das Angebot, sich zu duschen und umzuziehen, an, ehe sie wieder zu den Southgates ins Eßzimmer gingen. Dort wurden sie Klaus und Christoph, Annes jüngeren Zwillingsbrüdern, vorgestellt. Während des Essens schnatterte Gerda wieder munter drauflos. Jasmin aß nicht viel und war auch sehr still. Nur wenn die Southgates sie direkt ansprachen, gab sie Antwort. Das Mädchen war innerlich völlig aufgewühlt. Obwohl sie sich auch, wie ihre Schwester, gegen die Abgeschiedenheit ihres Lebens in den Bergen bei Leolali aufgelehnt hatte, war sie doch jetzt durch den plötzlichen Aufbruch verunsichert. Alles, was ihnen vertraut gewesen war, hatten sie zurücklassen müssen. Ja, so freundlich und gastfrei die Southgates auch sein mochten, Gerda und sie waren heimatlos, und ihre Zukunft sah düster aus. Das alles bedrückte die feinfühlige Jasmin.

„Ist es nicht klasse hier im Vergleich zu Leolali?" meinte Gerda später, als die beiden zu Bett gingen. „Ich werde morgen im Bazar ausgiebig herumbummeln. Natürlich ist es hier nicht wie in einer richtigen Stadt, aber bis wir nach England kommen, kann man damit zufrieden sein. Was meinst du, wann werden wir wohl nach England fliegen, Jasmin?"

Normalerweise war Jasmin sehr friedliebend. Sie akzeptierte die Art ihrer Schwester, ohne sie zu kritisieren oder sich zu beschweren. Heute jedoch, da sie von der langen Fahrt müde war und sich große Sorgen um ihren Vater machte, fand sie Gerdas Verhalten äußerst unangebracht und egoistisch.

„Ich weiß es nicht und ich will es auch gar nicht wissen", antwortete sie dann plötzlich mit ungewohnter Lautstärke. „Kannst du nicht einmal an etwas anderes denken als an deine persönlichen Wünsche? Was ist mit unserem armen Vati, der krank im Bett liegt? Wie kannst du nur immer an dich denken?"

Gerda war wie vor den Kopf gestoßen. Obwohl sie innerlich zugeben mußte, daß Jasmin recht hatte, bäumte sie sich dagegen auf. Wütend fauchte sie zurück: „Gut, dann bin ich eben egoistisch, weil ich ehrlich genug bin zu sagen, was ich denke. Natürlich tut mir Vati leid, aber ich bin nicht einer jener duckmäuserischen Sonntagsschultypen, die mit todernster Miene herumlaufen. Ich helfe Vati nicht dadurch, daß ich mich elend fühle."

Diesmal gab sich Jasmin keine Mühe, ihre Schwester zur Einsicht zu bringen. Statt dessen schaute sie Gerda einen Moment wortlos an. Dann machte sie sich zum Schlafen fertig und kniete vor dem Bett, um wie gewohnt ihr Abendgebet zu sprechen. Gerda zögerte, ehe sie mit einem trotzigen Achselzucken ins Bett kletterte und sich hinlegte. Eine bedrückende Stille herrschte im Zimmer.

EIN AUFTRAG FÜR ANNE

„Meinen Sie – jetzt, sofort?"

„Aber warum können wir denn nicht mit ihm fliegen? Warum müssen wir warten?"

Die zweite Sprecherin war natürlich Gerda, ungeduldig wie immer.

„Weil wir für euren Vater einen Spezialflug gebucht haben. Ihr wißt doch, daß er liegend transportiert werden muß", erklärte ihr Frau Southgate. „Nicht jedes Flugzeug kann einen Schwerkranken an Bord nehmen."

Sie schaute vom Kuchenbacken auf und sah in Jasmins große Augen, die angstvoll auf sie gerichtet waren. Etwas freundlicher, aber immer noch mit sachlicher Stimme fuhr sie fort: „Je eher euer Vater nach England geflogen werden kann, desto schneller wird er sich wieder erholen können, Jasmin. Unser Krankenhaus ist nicht gut genug ausgerüstet, um eurem Vater die Spezialbehandlung zu geben, die er braucht. Seht ihr, daher ist es ein Glück, daß ihn ein Flugzeug so schnell mitnehmen kann. Es macht euch doch nichts aus, wenn ihr wißt, daß es zu seinem Vorteil ist, oder?"

„N-nein, es ist nur – er ist dann so weit weg von uns", sagte Jasmin niedergeschlagen. „Ich wünschte, wir könnten mit ihm fliegen!"

„Ja, das hätten wir euch alle gewünscht", stimmte Frau Southgate zu. „Wie auch immer, es hat nicht geklappt, und das Wohl eines Patienten geht ja vor, wie ihr wißt."

„Ja, das wissen wir!" erwiderten die beiden Schwestern, obwohl Gerdas Stimme alles andere als einsichtig klang. Immerhin hatte sie genug Einfühlungsvermögen, um keinen weiteren Kommentar zu geben. Sie wußte, daß sie unter diesen Leuten, bei denen Selbstaufopferung und Selbstlosigkeit das Leben bestimmten, keine Zustimmung finden würde. Dr. Southgate und seine Frau waren schon länger auf dem Missionsfeld als Dr. Oake. Als Gerda und Jasmin noch keine Woche bei den Southgates waren, hatten diese die Mädchen schon ziemlich genau kennengelernt. Frau Southgate wußte mehr, als Gerda ahnte. Daher schickte sie jetzt Jasmin mit den Bestecken ins Eßzimmer, um den Tisch zu decken. Dann schaute sie Gerda lächelnd an.

„Es ist nicht leicht, etwas zu opfern, nicht wahr, Gerda?"

Das Mädchen, das gerade ein Stück Kuchen in den Fingern hatte, schaute sie scharf an.

„Nein, das ist nicht leicht, und – und deshalb verstehe ich nicht, warum wir immer wieder Opfer bringen sollen", sagte sie frei heraus. Dabei wurde sie durch Frau Southgates verständnisvollen Blick ermutigt, ehrlich und offen zu sein.

„Jeder fragt sich das ab und zu, und es gibt keine eindeutige Antwort darauf, wenn man dabei nur an sich selbst denkt. Die beste Antwort ist meistens, das zu tun, was für den anderen gut ist. Hier, Gerda, roll doch bitte diesen Teig aus. Ich habe noch ein paar Äpfel, damit kannst du ihn füllen." Zu Hause hatte sie nie Kuchen backen dürfen, da die indische Köchin immer für die Familie gekocht und die Mädchen nie ermutigt hatte, in die Küche zu kommen. Über der neuen Arbeit vergaß Gerda ganz, sich über die soeben erteilte Lektion zu ärgern. Mit größter Sorgfalt begann sie den Teig auszurollen. Frau Southgate machte inzwischen ihren Kuchen fertig und schob ihn in den Ofen. Als Gerda dann ihr Werk vollendet und ebenfalls in den Ofen geschoben hatte, war ihr Ärger fast verraucht.

„Das wär's. Wissen Sie, Frau Southgate, das ist der erste Kuchen, den ich selbst gemacht habe. Ich hoffe, er wird gut!" Sie sah ihrer Gastgeberin offen ins Gesicht. „Jasmin sagte mir vor ein paar Tagen, daß ich egoistisch sei – ich glaube, sie hat recht, aber – aber ich kann nicht vorgeben, andere Leute mehr zu lieben als mich selbst, weil ich es nicht tue. Und ich kann mir nicht vorstellen, daß sich das jemals ändert!"

„Wenige von uns tun es, wenn wir ganz ehrlich sind. Es gehört zweifellos zu den schwersten Dingen auf dieser Welt, wenn man es allein versucht."

Gerda schaute ihr Gegenüber verwundert an. „Oh, jetzt weiß ich, was Sie meinen – die alte Leier: ‚Liebe Gott, dann kannst du auch deinen Nächsten lieben.' Das habe ich schon hundert Mal gehört. Vergessen Sie nicht, daß Vati auch Missionar ist. Aber bei mir ist eben nichts zu machen. Das weiß ich."

„Bei keinem Menschen ist da etwas zu machen, wie du sagst, es sei denn, man folgt dem Herrn Jesus wirklich nach", stellte Frau Southgate klar. „Du glaubst doch an Gott, oder?"

„Ja – schon. Ich meine – irgend jemand muß ja alles erschaffen haben", gestand Gerda. „All die großartigen Dinge, die die Wissenschaftler heute entdecken, müssen ja zunächst einmal vorhanden sein, sonst könnten sie jetzt nicht dahinterkommen. Aber der

Glaube an Gott hilft mir nicht viel weiter, Frau Southgate. Ich – ich weiß, daß er mich und die ganze Welt geschaffen hat, und ich bin dankbar dafür. Aber deshalb gerate ich doch nicht in eine Gefühlsduselei gegenüber anderen Menschen!"

Ihre Gastgeberin mußte in sich hineinlachen. Die offene Art des jungen Mädchens gefiel ihr, wenn sie dessen Empfindungen auch nicht gutheißen konnte.

„Irgendwie glaube ich, daß du, abgesehen von allem anderen, eine falsche Vorstellung davon hast, was es heißt, einen anderen Menschen zu lieben", erklärte Frau Southgate. „Aber keine Angst, ich will dir keine Predigt halten. Ich kann mir vorstellen, daß du schon genug Predigten gehört hast. Laß mich dir nur dies eine sagen: Lerne erst einmal Jesus persönlich kennen, dann wirst du auch das tun wollen, was er gern möchte. Wenn du so weit bist, werden dir sogar die Dinge, die dir zuwider sind, erträglich sein und vielleicht sogar leichtfallen. Aber jetzt komm! Wir wollen sehen, ob Jasmin mit dem Tischdecken zurechtkommt!"

Gerda war froh, daß dieses Gespräch zu Ende war, denn, obwohl es freundlich verlaufen war, war es eben doch die Lektion einer Erwachsenen gewesen und daher für jemanden, der so ungeduldig und eigenwillig war wie die jüngere Tochter der Oakes, mehr oder weniger langweilig. Trotzdem, wie bei vielen Gesprächen mit älteren Leuten, würde sie sich später an manches erinnern, was sie gehört hatte, und dann auch besser verstehen.

Doch im Augenblick war es Gerda lieber, daß sie bei der Hausarbeit helfen konnte, und sie war außerordentlich gespannt, ob ihr erster Backversuch gelingen würde.

Die beiden Oakes Mädchen waren nun schon acht Tage Gäste der Familie Southgate, und obwohl der Arzt wenig gesagt hatte, wußten sie, daß es ihrem Vater nicht wesentlich besser ging. Deshalb sollte er mit dem nächstmöglichen Flugzeug nach England transportiert werden. Natürlich hatten die Mädchen gedacht, sie könnten zusammen mit ihrem Vater fliegen. Die Nachricht, daß das nun nicht möglich sein würde und sie einen späteren Flug abwarten müßten, war eine bittere Pille für sie gewesen. Gerda hatte naturgemäß aufbegehrt, und selbst Jasmin, die normalerweise alles gelassen hinnahm, fiel es schwer, diese Enttäuschung zu überwinden. Sie reagierte zwar weniger laut und heftig als ihre Schwester, trotzdem hatte sie genauso starke Zweifel, obwohl sie nicht so egoistisch motiviert waren wie bei Gerda.

„Es ist einfach nicht fair!" sagte Jasmin daher auch zu Anne Southgate, als diese mit den beiden Mädchen vom Krankenhaus kam. Sie hatten Dr. Oake, der in drei Tagen nach England fliegen sollte, kurz besucht. „Weißt du, Vati hat Jahr für Jahr für Gott gearbeitet, und jetzt ist er so krank. Auf der anderen Seite gibt es Leute, die nicht an Gott glauben, nichts für ihn tun und dabei kerngesund sind!"

„Ich glaube nicht, daß dies etwas mit Fairneß zu tun hat", entgegnete Anne nachdenklich. „Ich kann dir das theologisch auch nicht erklären, aber das Eine weiß ich: Wenn jeder das bekäme, was er wirklich verdiente, säße mancher ganz schön in der Patsche! Doch im Ernst, Jasmin, ich glaube nicht, daß euer Vater der Ansicht ist, seine Krankheit sei unfair. Außerdem war es seine freie Entscheidung, hier in Indien zu arbeiten. Niemand hat ihn dazu gezwungen, auch Gott nicht. Und niemand hat ihm befohlen, so hart zu arbeiten, daß er davon krank würde. Weißt du, ich glaube, daß er trotz allem glücklich und dankbar ist. Ich habe ihn auf jeden Fall noch nicht klagen gehört, du etwa?"

„O nein, das würde er nie tun!" stimmte Jasmin zu.

„Na also, dann darfst du auch nicht denken, diese Krankheit sei eine Strafe von Gott!"

Wie Anne später ihrer Mutter anvertraute, bereitete es ihr Schwierigkeiten, sich auf die Stimmungen und Fragen der Schwestern einzustellen. Sie war ja nicht viel älter als Jasmin und hatte schon seit ihrer Kindheit einen frohen, kindlichen Glauben an Gott. Obwohl sie Jesus als ihren Heiland angenommen hatte und ihm vertraute, fiel es ihr doch nicht leicht, den beiden Mädchen ihre persönliche Überzeugung deutlich zu machen. Jasmins Frage war nun der Anlaß, über ihren eigenen Glauben nachzudenken. Aber ihre Mutter erklärte ihr, daß es gut sei, einmal in seiner Selbstzufriedenheit erschüttert zu werden.

„Du hast recht, Mutti!" Anne fiel ihrer Mutter um den Hals. „Ich will versuchen, den beiden zu helfen, obwohl sie mich manchmal ganz schön aus der Fassung bringen. Besonders Gerda ist zur Zeit ein einziges großes Fragezeichen. Dabei bin ich doch wahrhaftig auch kein Theologe. Ich bin nicht so schlau!"

„Nein, aber du bist ein Kind Gottes und folgst Jesus, und das ist wichtiger. Wir sind alle aufgerufen, von ihm zu erzählen, wo immer wir Gelegenheit dazu haben", mahnte ihre Mutter. „Diese beiden Mädchen stecken in einer Krise, und es ist sehr gut möglich, daß sich ihre momentanen Ansichten auf ihre ganze Zukunft auswirken."

Anne machte ein ernstes Gesicht.

„Dann glaubst du also nicht, daß sich Dr. Oake

bald wieder erholt, so daß er eingreifen und seine Kinder selbst erziehen könnte?" schloß sie scharfsinnig. „Hm, wenn das so ist, dann kann ich verstehen, daß man ihnen jetzt helfen muß, bevor etwas passiert. So wie ich es sehe, ist Gerda ganz schön rebellisch. Natürlich wissen wir nicht, was für eine Person ihre Tante in England ist – obwohl, als Dr. Oakes Schwester müßte sie eigentlich in Ordnung sein."

„Sie ist aber auch Witwe, und vielleicht ist sie über ihr Schicksal verbittert", fügte Frau Southgate hinzu. „Wenn du die Mädchen nach England begleitest, hast du ja noch etwas Zeit, sie positiv zu beeinflussen."

„Dann ist es schade, daß wir nicht mit dem Schiff fahren. Im Flugzeug bleibt mir nicht sehr viel Zeit", bemerkte Anne lächelnd. „Aber keine Sorge, Mutti, ich werde mein Bestes tun. Es sind keine schlechten Kinder, und ich fände es schlimm, wenn sie eine falsche Vorstellung von Dingen bekämen, auf die es wirklich ankommt. Trotz allem hätte ich nicht gedacht, daß ich in meinen Ferien Sonntagsschule halten würde!"

Noch ahnte sie nichts von all den anderen ungewöhnlichen Dingen, die sie noch während ihrer Ferien tun würde. Wenn sie in die Zukunft hätte schauen können, wäre sie sicher nicht so erfreut über ihre Rückkehr nach England gewesen. Sie wollte dort das letzte Jahr ihrer Ausbildung absolvieren, um dann als Röntgenassistentin zu arbeiten. Auch Jasmin und Gerda wären nicht so ungeduldig gewesen, nach Europa zu kommen. Glücklicherweise sahen sie nur die Gegenwart, und mit der waren sie vollauf beschäftigt.

Zuerst wurde Dr. Oakes Abflug unerwartet zwei Tage vorverlegt, so daß er früher nach England geflogen werden konnte. Es kam alles so plötzlich, daß es den Mädchen wie ein Traum vorkam: die eilige Fahrt im Krankenwagen zum Flughafen, der flüchtige Kuß für den blassen Patienten und sein Abtransport auf einer bequemen Trage. Schließlich verschwand er im Innern eines großen Düsenflugzeugs.

Die beiden Mädchen hatten keine Zeit, viel über die Trennung nachzudenken. Bei Familie Southgate war immer etwas los, besonders jetzt, da Annes jüngere Brüder in den Ferien zu Hause waren. Klaus und Christoph waren ein lebhaftes und unterhaltsames Gespann. Wenn sie sich nicht gerade über irgendwelche schulischen Dinge die Köpfe heiß redeten, fehlte es ihnen nicht an Einfällen, einen Streich zu verüben, und damit gerieten sie fast jeden Tag in neue Schwierigkeiten.

Ein Telegramm aus England bestätigte die gute Ankunft des Patienten, worüber die Mädchen sehr erleichtert waren. Schließlich rückte ihre Reise immer näher. Zusammen mit Anne fuhren sie eines Morgens zum Flughafen, um gemeinsam nach England zu fliegen.

„Wenn das kein Abenteuer ist!" sagte Gerda strahlend. „Vom Ochsengespann zum Flugzeug ist doch schon ein ganz schöner Schritt nach vorn! Bist du nicht auch aufgeregt, Jasmin?"

„Ich will froh sein, wenn wir heil angekommen sind. Ich kann mich erst dann richtig freuen, wenn ich wieder festen Boden unter den Füßen habe."

DER FLUG NACH ENGLAND

„Ist das nichts? Ich finde es einfach super!" Gerda war begeistert vom Fliegen. Angestrengt schaute sie zum Fenster hinaus, hinunter auf das von der Hitze ausgedörrte Land. Jasmin brauchte etwas länger, um sich an all das Neue zu gewöhnen.

„Dies ist ein Kurzstreckenflugzeug", erklärte Anne den beiden. „Es bringt uns nur nach Delhi. Dort steigen wir um in ein großes Düsenflugzeug, mit dem wir dann bis nach England fliegen. Deshalb ist dieses Flugzeug wohl auch halb leer."

Jasmin nickte und versuchte den Eindruck zu erwecken, als würde ihr der holprige Flug Spaß machen.

„Wir wollen hoffen, daß wir mit der großen Maschine einen ruhigeren Flug haben", brummte Gerda auch gleich darauf, als das kleine Flugzeug bedenklich geschüttelt wurde.

„Das hoffe ich stark", erwiderte Anne stirnrunzelnd. „Das ist seltsam. Ich kann mich nicht erinnern, auf dem Hinflug über ein solch hügeliges Gelände geflogen zu sein!"

„Vielleicht fliegen wir eine andere Strecke, weil das Flugzeug kleiner ist", sagte Gerda kleinlaut.

„Das könnte sein." Trotzdem schaute Anne immer noch sorgenvoll zum Fenster hinaus.

Ihre Maschine war in der Tat ein kleines Inlandflugzeug. Außer den drei Mädchen waren nur acht Passagiere an Bord. Die meisten sahen aus wie Geschäftsleute. Der Rest waren zwei Jungen und ein Mädchen, die wahrscheinlich aus den Ferien zurückkamen und jetzt wieder zur Schule mußten.

Anne war ziemlich unruhig geworden. Prüfend beobachtete sie die kleine indische Stewardeß. Auch sie spürte offensichtlich, daß eine Spannung in der Luft lag. In diesem Augenblick kam einer der beiden Passagiere, die kurz zuvor ins Cockpit gegangen waren, zurück. Plötzlich wurde Anne klar, daß dies kein normaler Geschäftsmann war. In der einen Hand hielt er einen furchterregenden Revolver. Grob packte er die Stewardeß am Arm und teilte ihr mit drohender Stimme seine Befehle mit. Zitternd mußte sie seine Worte ins Englische übersetzen, das die meisten der Passagiere verstanden.

„Er sagt, dies sei eine Flugzeugentführung. Wenn sich alle Passagiere ruhig und still verhielten, würde niemandem etwas passieren. Sie wollen niemandem wehtun."

Die Mädchen schauten einander entsetzt an. Es war offensichtlich, daß vier der ordentlich gekleideten Männer mit dem Entführer unter einer Decke steckten. Der zweite Mann, der noch im Cockpit war, bewachte wahrscheinlich den Piloten und gab ihm Befehle. Zwei der anderen Männer hatten sich von ihren Sitzen erhoben und lachten und scherzten mit dem, der die Pistole hatte. Neben den Schulkindern saß noch ein junger Sikh im Flugzeug, wohl der einzige normale Passagier. Die Entführung war gut geplant, überlegte Anne, denn diese kleinen Flugzeuge im Inlandverkehr waren selten voll besetzt und hatten auch nur wenig Besatzung an Bord.

„Uih!" seufzte Gerda. „Wenn das kein Abenteuer

ist!" Doch irgendwie hatte ihre Stimme einen hohlen Klang.

„Ich könnte ganz gut ohne solch ein Abenteuer auskommen", meinte Anne etwas bissig. „Jetzt, da diese Gauner das Flugzeug übernommen haben, können wir wer weiß wo landen. Auf jeden Fall werden wir in Delhi unser Flugzeug nach England nicht mehr erreichen. Es kam mir doch gleich so vor, als ob wir die Richtung geändert hätten!"

Was immer sie auch innerlich empfinden mochte, ihre Stimme klang so, als ob sie nur darüber verärgert wäre, daß ihr Flug nicht ordnungsgemäß verlief. Die Folge davon war, daß sich die Spannung der Kinder allmählich löste. Einer der beiden Schuljungen grinste etwas verkrampft, der andere nickte nur.

„Wir werden jedenfalls zu spät zur Schule kommen! Hm, jetzt kann ich wenigstens meinen Ferienaufsatz noch fertig schreiben!" versuchte er zu scherzen.

Um nicht angstvoller zu erscheinen als diese Jungen, riß sich Jasmin zusammen.

„Ich bin froh, daß sie uns entführt haben und nicht Vati", sagte sie mit großem Ernst. „Uns wird es ja nicht weiter weh tun, aber für Vati hätte es ernste Folgen haben können, wenn er zu spät in die Klinik gekommen wäre."

Da die Schwester der beiden Schuljungen nun überzeugt war, daß die Entführung für sie nur eine gewisse Verspätung bedeuten würde, hatte sie bald vergessen, wie sehr sie sich vor dem Mann mit dem Revolver gefürchtet hatte. Mit einem schwachen Lächeln schaute sie Anne und ihre Begleiterinnen an. Der junge Sikh verstand wohl auch Englisch. Er sah fragend von einem zum andern, doch als er sah, daß alles ruhig blieb, versenkte er sich wieder in sein Buch.

„Was glaubst du, wo sie uns hinbringen werden, Anne?" wollte Jasmin nach einiger Zeit wissen. Abgesehen von dem Sikh sprachen alle Männer in ihrer Muttersprache, und die Stewardeß war mit den anderen Kindern beschäftigt.

„Das ist schwer zu sagen, Jasmin." Anne runzelte nachdenklich die Stirn. „Ich glaube nicht, daß dieses kleine Flugzeug viel Reservetreibstoff hat. Ich verstehe nicht viel vom Fliegen, aber ich nehme an, daß wir nicht sehr weit kommen. Vielleicht die gleiche Strecke wie nach Delhi, nur in die entgegengesetzte Richtung, nämlich nach Nordosten."

„Nach Nepal also, in Richtung Himalaja." Gerda versuchte sich in Gedanken eine Landkarte vorzustellen. „Auweia! Glaubst du, sie wollen nach Tibet oder – oder gar nach China?"

„Wenn sie das wirklich vorhaben, werden sie es mit dieser Kiste hier nie schaffen", meinte Anne mit nachdrücklicher Schärfe, obwohl sie es nicht für ausgeschlossen hielt, daß die Entführer tatsächlich eines dieser Länder ansteuern wollten. „Wenn sie es versuchen, sind sie total verrückt. Ich denke doch, daß selbst diese Gangster wissen, was sie tun. Dieses Flugzeug ist zu klein und wird nicht weit kommen, wenn es nicht aufgetankt wird."

„Es – es wäre ja nicht gerade angenehm, wenn wir keinen Treibstoff mehr hätten – und in – in den Bergen landen müßten", sagte Jasmin mit zitternder Stimme. Gerda bekam es mit der Angst zu tun. Sie wurde ganz blaß.

„Das war die Untertreibung des Jahres", entgegnete Anne gelassen. Auch sie war schneeweiß im Gesicht. Sie hängte sich mit einem Arm bei Jasmin ein und warf Gerda ein kurzes, beruhigendes Lächeln zu. „Aber ich glaube immer noch, daß diese Männer auch nicht gerade abstürzen wollen, daher werden wir wohl doch landen, bevor der Treibstoff alle ist."

„Erstens dies." Gerdas Blick hellte sich schon wieder auf. „Und zweitens können sie doch das Flugzeug nicht einfach aufgeben, oder? Ich meine, wir sitzen doch alle im gleichen Boot hier, und es ist für sie doch ebenso riskant wie für uns."

„Genau. Außerdem ist Gott immer bei uns", sagte Anne mit fester Stimme. „Und jetzt werde ich ihn bitten, uns zu behüten. Ich glaube, ihr solltet dasselbe tun. Danach können wir ‚Ich sehe was, was du nicht siehst' spielen und die beiden Jungen und ihre Schwester einladen mitzumachen."

Sogar Gerda hatte nichts gegen diese beiden Vorschläge einzuwenden. Im nächsten Augenblick schlossen alle drei Mädchen die Augen und beteten leise um Hilfe und Mut in ihrer gegenwärtigen Lage.

„So, jetzt haben wir getan, was wir konnten", meinte Anne zuversichtlich, nachdem sie die Augen geöffnet hatte. „Frag mal die drei dort, ob sie mitspielen wollen, dann fangen wir an!"

Für die nächste Stunde beschäftigte Anne die fünf Kinder mit diesem und anderen Spielen, während das Flugzeug über eine immer rauher werdende Landschaft dahindröhnte. Die Entführer warfen ihnen ab und zu neugierige Blicke zu, schienen aber damit zufrieden, daß sie friedlich waren und keine Schwierigkeiten machten. Allmählich merkte Anne, daß die Männer irgendwelche Probleme hatten, während sie immer wieder zwischen Cockpit und Kabine hin und her liefen. Bald kam es zu Diskussionen und Auseinandersetzungen, und obwohl Anne ihren Dialekt nicht sprach, verstand sie doch soviel, daß die Treibstoffrage ihre Hauptsorge war.

„Hm, jetzt dämmert es ihnen", meinte Günter, der ältere der beiden Jungen, spöttisch. Er schaute Anne kurz an. „Du hast recht gehabt, wir haben nicht genug Saft, um so weit zu fliegen, wie die es vorhaben!"

Anne biß sich auf die Lippen. Sie wünschte, der Junge hätte nicht verstanden, was die Männer sagten, denn seine Schwester und die beiden Oakes Mädchen schauten sie wieder angstvoll an.

„Dann werden wir wohl bald irgendwo landen", meinte sie mit scheinbarer Gelassenheit. Danach bestand sie darauf, das Spiel, mit dem sie gerade beschäftigt waren, fortzusetzen.

Nichtsdestoweniger waren sie in einer gefährlichen Situation. Das Flugzeug flog über dicht bewaldete Berge. Kein ebenes Fleckchen war zu sehen. Anne vermutete, daß sie schon irgendwo über Nepal waren und auf das Gebirgsmassiv des Himalaja zuflogen. Die Berge unter ihnen gehörten zu den Vorbergen des Himalaja. Es war eine wilde, zerklüftete Landschaft mit nur wenigen Häusergruppen und Dörfchen, die die Einöde von Felsen und Bäumen unterbrachen. Die Entführer hatten sich offensichtlich total verschätzt, als sie dieses Flugzeug ausgewählt hatten. Jetzt stritten sie sich, was weiterhin passieren sollte.

Äußerlich war Anne gelassen, aber innerlich schrie sie zu Gott um Hilfe. Nach dem Gesichtsausdruck der Oakes Mädchen zu urteilen, beteten auch sie. Trotz der äußeren Ruhe nahm die Spannung mit jedem Moment zu. Die Männer ereiferten sich immer mehr. Schließlich schienen sie eine Entscheidung getroffen zu haben. Einer von ihnen ging noch einmal ins Cockpit, die anderen setzten sich still hin. Bald danach kam er zurück, nickte den anderen kurz zu und sprach mit der Stewardeß. Während sie zuhörte, wurden ihre Augen immer größer. Schließlich, nach einem leichten Kopfnicken, ging sie auf die Passagiere zu.

„Jetzt kommt's!" murmelte Gerda zitternd. Jasmin griff nach ihrer Hand.

„Der Pilot ist angewiesen worden, bald zu landen", sagte die Stewardeß in reinem Englisch, aber mit einem leichten Akzent. „Dann wird er die Männer dorthin bringen, wo sie hinwollen. Sie brauchen keine Angst zu haben. Wir werden in der Nähe eines Dorfes landen. Der Pilot kennt die Gegend sehr gut."

Viel konnten sie nicht dazu sagen, denn jeder nahm an, daß protestieren sinnlos und sogar gefährlich sein könnte.

„Es sieht so aus, als müßten wir einen sehr, sehr weiten Weg zurücklaufen", meinte Günter leichthin.

„Auch wenn wir notlanden müssen, ist es mir lieber, als irgendwo ohne Sprit abzustürzen", fügte Gerda hinzu. Jasmin nickte zustimmend.

„Ich glaube, der Pilot hat die Männer überredet, uns nicht weiter mitzunehmen, was meinst du, Anne?" fragte sie. „Schön von ihm, denn ich nehme an, er muß mit ihnen weiterfliegen. Ich frage mich nur, ob die Stewardeß mit uns kommen darf oder bei ihnen bleiben muß."

Niemand gab eine Antwort, denn in diesem Augenblick neigte sich das Flugzeug zur Seite, fing sich aber gleich wieder. In den nächsten Minuten war der Flug außergewöhnlich holprig. Eine bewaldete Bergkette nach der andern rollte unter dem Flugzeug dahin und verschwand am Horizont. Nirgendwo schien es ein ebenes Fleckchen zu geben, wo sie hätten landen können. Doch auf einmal waren zwischen den Vorbergen des Himalaja tiefe, enge Täler zu sehen. Entlang eines solchen Tales flog nun das Flugzeug. Doch da schien noch weniger eine Landemöglichkeit zu bestehen. Die Mädchen hielten den Atem an, als Bäume und Felsen immer näher kamen. Die Bäume waren schief und knorrig, und Moos hing wie Bärte in ihren Ästen und Kronen. Tiefe Schluchten waren an den Abhängen der Berge zu sehen, weil der Sommermonsun riesige Mengen von Erde und Gestein weggespült hatte. Es war deutlich zu sehen, wo die Gestcinsmassen ins Tal und schließlich in einen reißenden Fluß gestürzt waren. Die Passagiere waren wie betäubt, als sich der holprige Flug fortsetzte. Nebelstreifen hingen zwischen den Bäumen, und das helle Sonnenlicht war grauen Wolkenbänken gewichen. Plötzlich deutete die Stewardeß auf etwas, was Anne zunächst für eine weitere Erdrutschspur gehalten hatte. Doch es war bald zu sehen, daß es eine lange, schmale, anscheinend einigermaßen ebene Lichtung am Ende des Tales war.

Sie erschien winzig zwischen den gewaltigen Bergen, aber es war wohl doch der Landestreifen, den der Pilot anvisierte. Er lenkte das Flugzeug in eine elegante Kurve, es verlor immer mehr an Höhe, und die Erde kam rasch näher. Endlich setzte es auf und rollte auf einer rauhen, zerfurchten Oberfläche aus.

„Wir müssen uns beeilen. Bitte nehmen Sie Ihr Gepäck! Der Pilot darf nicht lange warten!"

Die Passagiere brauchten nicht viel Zuspruch, um sich zu beeilen, obwohl die Landschaft draußen wenig einladend aussah. Die Entführer schauten sich unruhig um, der Mann mit dem Revolver war der ungeduldigste von ihnen.

Es dauerte nicht lange, da standen Anne und die Kinder auf dem felsigen Erdboden. Die Männer warfen das Gepäck heraus. Die Stewardeß gab ihnen noch ein paar Decken und stieg dann auch aus, beladen mit verschiedenen Taschen und einem großen Wasserbehälter. Kaum war sie draußen, schloß der Mann mit dem Revolver hinter ihr die Tür. Alle traten zurück, als das Flugzeug davonrollte und sich dann drehte, um wieder abzuheben.

„Was ist mit dem anderen Mann, dem Sikh?" fragte Anne besorgt. Die Stewardeß schüttelte den Kopf. „Er wollte drinnen bleiben. Der Pilot ist sein Bruder", sagte sie noch, ehe das Flugzeug mit einem ohrenbetäubenden Lärm abhob und davonflog.

Sie schauten noch atemlos zu, als es auf eine Bergwand zuflog, dann aber doch zur Seite abbog und nach Osten durch eine Schlucht zwischen zwei Bergketten verschwand. Das Motorengeräusch wurde schwächer, und bald war nur noch das Rauschen eines entfernten Baches und ein pfeifender Wind in den Bäumen zu hören. Dann waren die ausgeladenen Passagiere allein in luftiger Höhe.

GESTRANDET IM GEBIRGE

„Und was machen wir jetzt?" Wie üblich ergriff Gerda als erste das Wort, obwohl ihre Stimme sehr unsicher klang.

„Zuallererst werden wir auf jeden Fall ein Feuer anzünden", meinte Anne bestimmt. „Der Wind ist sehr kalt, und außerdem sehen die Dorfbewohner dann, wo wir sind."

„Werden wir denn hier bleiben?" Jasmins Stimme klang so, als wüßte sie nicht, ob sie lachen oder weinen sollte. Die kleine Stewardeß antwortete ihr unerwartet in energischem Ton. „Ja, es ist wichtig, daß wir hier bleiben. Wir müssen ein kleines Lager aufschlagen, dann werden wir sehr bald gerettet werden. Hier sind Streichhölzer, und wir haben auch noch Decken und etwas zu essen."

„Gut. Dies ist eine prima Übung für alle, die einmal eine Pfadfindergruppe leiten wollen", meinte Anne lebhaft. „Übrigens, wir müssen uns einander noch vorstellen. Wie heißen Sie eigentlich, Fräulein –?"

„Mein Vorname ist Aban", antwortete die Stewardeß lächelnd. „Ich weiß, daß Sie Fräulein Southgate sind, und dies hier sind Jasmin und Gerda Oake, nicht wahr? Und das Günter, Johannes und Rita Northcott. Gut. Jetzt wollen wir unser Lager aufschlagen."

Alle waren froh, daß sie etwas zu tun hatten, und suchten eifrig die Gegend nach brauchbarem Brennholz ab. Anne, die die kleine Gruppe nicht aus den

Augen ließ, näherte sich Aban, die gerade ein paar verkümmerte Azaleensträucher abbrach.

„Aban, konnte der Pilot Ihnen sagen, wie weit wir vom nächsten Dorf entfernt sind?"

Wie Anne, warf auch Aban einen kurzen Blick auf die Kinder, ehe sie leise antwortete: „Ja, das konnte er, Fräulein Southgate ..."

„Anne", unterbrach sie die Engländerin plötzlich.

„Anne, gut, danke schön!" Aban lächelte. „Das Dorf ist ein Tagesmarsch von hier entfernt. Aber die Leute werden wohl gesehen haben, wie das Flugzeug hier niederging, und sie werden sicher bald kommen, um uns zu suchen. Besucher sind in dieser Gegend äußerst selten, schon deshalb werden sie sich auf den Weg machen. Wir müssen nur warten."

„Das tue ich gern", sagte Anne entschlossen. „Ich hätte keine Lust, ohne Führer durch dieses unwegsame Gelände zu marschieren."

„Ich auch nicht, außerdem hätten wir uns sicher bald verirrt und kämen in allerlei gefährliche Situationen." Aban, die in der Stadt aufgewachsen war, lief ein kalter Schauer über den Rücken, als sie sich umschaute. „Kommt alle, wir haben jetzt genug Holz für ein Feuer!"

„Hier ist ein flacher Felsbrocken, wäre das nicht eine gute Feuerstelle?" Gerda und Günter kamen im Wettlauf angerannt, beladen mit Zweigen; Jasmin und die beiden anderen Kinder folgten mit noch mehr Brennmaterial.

„Gut", stimmte Anne zu. „Es ist auch relativ geschützt hier. Ich bin dafür, daß wir eine der Decken nehmen, um eine Art Zelt aufzubauen. Dann holen wir unsere Regenmäntel aus den Taschen und legen sie auf den Boden."

„Ich weiß, wie man einen Topf über dem Feuer aufhängt", erklärte Günter, eifrig bemüht, auch zu helfen. „Wir haben es letztes Jahr im Ferienlager gelernt. Oh – haben wir denn überhaupt einen Topf?"

„Nein, aber diese Büchse hier ist genauso gut." Aban hatte ihren Beutel mit der „Eisernen Ration" ausgepackt. Er enthielt alles, was man zum Überleben in einer Notsituation wie dieser brauchte. „Ich werde das Milchpulver in diesen Plastikbeutel schütten, dann können wir die Büchse als Topf verwenden."

„Klasse!" Günter suchte einen gegabelten Ast und steckte ihn über dem Feuer in einem bestimmten Winkel in den Boden. Es dauerte nicht lange, da fing das Wasser über den knisternden Flammen an zu kochen.

Während die Kleinen, Johannes und Rita, den Auftrag erhielten, kleine Äste in das Feuer zu werfen, bauten die Älteren ein Schutzdach, denn zumindest Anne und die Stewardeß wußten genau, wie schnell es dunkel wurde. Dann würde die ohnehin niedrige Temperatur noch weiter fallen. Natürlich hatte keiner der Reisenden warme Kleidung dabei. Aban und die Northcott-Kinder trugen nur dünne Baumwollsachen, da sie ja aus dem heißen Flachland kamen. Die anderen Mädchen hatten leichte Anoraks, da es in Leolali öfters dunstig und neblig gewesen war. Und glücklicherweise hatte ihnen Frau Southgate dünne Plastik-Regenmäntel gekauft für den Fall, daß es bei ihrer Ankunft in England gleich regnen sollte. Angeregt von den schönen Farben, hatte sich Anne auch einen Regenmantel gekauft, so daß diese drei zumindest hoffen konnten, trocken zu bleiben. Doch die Kälte war in dieser Höhe das größere Problem. Aban zitterte schon in ihrem dünnen Sari, und auch die kleine Rita war blaß vor Kälte.

„Aban, Sie wickeln sich am besten gleich hier hinein!" Anne hatte schnell das Bündel mit den Notdecken ausgepackt und reichte der Inderin eine davon. „Rita, setz du dich näher ans Feuer! Günter, du und Johannes, ihr könnt diese Decke mit eurer Schwester teilen! Eine Decke nehmen wir für das Zelt, dann bleibt noch eine für die Mädchen und mich. Gerda, Jasmin, ihr zieht am besten die Anoraks und alles andere, was ihr zum Warmhalten habt, an."

Alle gehorchten und folgten Annes Rat. Während die Northcotts sich zusammenkuschelten, bauten die anderen aus der übriggebliebenen Decke und einigen Ästen eine Art Zelt. Es war ein wackeliges Gebilde, aber es schützte die kleine Gruppe immerhin etwas vor dem Wind. Jasmin und Gerda legten Felsbrocken und größere Steine auf den Rand der Decke, um sie festzuhalten. Mit dem angenehm knisternden, warmen Feuer machte die kleine Lagerstätte einen nahezu gemütlichen Eindruck. Als Aban Tassen mit kochendheißem Kaffee herumreichte, fühlten sich alle gleich wohler und wärmer.

Zu schnell ging die Sonne unter, und die Schatten der gegenüberliegenden Berge stiegen immer höher, bis schließlich das ganze Tal in der Dunkelheit verschwand. Über ihren Köpfen glitzerten frostig die Sterne. Der Mond war noch nicht über die Berggipfel heraufgestiegen. Außerhalb des warmen Scheins des Lagerfeuers erschien die Dunkelheit wie eine dunkle Mauer. Die kleine Rita, die in der Stadt groß geworden war, fing leise an zu weinen.

„Ich möchte nach Hause! Ich möchte zu Mutti! Ich mag nicht mehr hier bleiben!" schluchzte sie. Anne legte tröstend den Arm um das Kind, um es zu beruhigen.

„Keine Angst, Rita! Es dauert nicht mehr lange, dann dürfen wir alle nach Hause gehen; in der Zwischenzeit erlebst du ein tolles Abenteuer, von dem du allen deinen Freundinnen erzählen kannst. Du mußt nicht weinen! Komm her, kuschel dich an mich, dann geht es schon besser!"

„Ich ma – mag die Du – Dunkelheit nicht", jammerte die Kleine. „Ich habe Angst."

Anne drückte sie fester an sich, um ihr ein Gefühl der Sicherheit zu geben.

„Es gibt nichts, wovor du Angst haben mußt, Rita, wirklich nicht! Wir sind doch alle bei dir, ganz nahe. Und außerdem wissen wir, daß der Herr Jesus auch noch da ist, wir können ihn nur nicht sehen."

Allmählich beruhigte sich Rita und hörte auf zu weinen. Als sie eine Tasse Suppe und ein paar Biskuitplätzchen bekam, war sie trotz ihrer Müdigkeit wieder froh.

Gerda war unter der Decke, die sie mit ihrer Schwester teilte, außergewöhnlich still. Sie saßen mit den andern um das Feuer und löffelten ihre Suppe.

„Unser Unterstand ist nicht sehr fest gebaut, aber es ist ganz schön warm hier. Ich fühle mich schon ein ganzes Stück besser", bemerkte Jasmin, als sie ihre Tasse ausgetrunken hatte. „Geht es dir nicht auch so, Gerda?"

„Natürlich!" lautete die knappe Antwort. Jasmin machte vor Überraschung große Augen. In diesem Moment kam der Mond über den Bergen zum Vorschein, und das Lager wurde von dem klaren, kalten Mondschein beleuchtet.

„Das ist prima! Jetzt sehen wir wenigstens etwas

und können es uns für die Nacht bequem machen", meinte Anne dann. Während der nächsten Minuten herrschte große Geschäftigkeit um das Feuer herum. Alle öffneten ihre Koffer, um die warmen Sachen auszupacken, die sie mitgenommen hatten. Die einen zogen noch mehr über, die anderen rollten Kleidungsstücke zu Kopfkissen zusammen. Während die anderen noch damit beschäftigt waren, stieß Jasmin ihre Schwester leicht an. „Was ist denn los mit dir, Gerda? Geht es dir nicht gut?"

„Klar geht's mir gut! Red' keinen Unsinn!" murmelte Gerda hastig, ehe sie sich wie ein Igel zusammenrollte, um zu schlafen.

Jasmin war nicht ganz überzeugt; trotzdem stellte sie keine weiteren Fragen. In Wirklichkeit war sich Gerda über einiges klar geworden, was nicht gerade angenehm war.

„Ich habe Angst, einfach Angst! Genauso wie die kleine Rita. Ich mag diese Dunkelheit um uns herum nicht und – und überhaupt die ganze Situation. Vielleicht gibt es hier Schlangen oder andere Tiere. Oh! Mir wird ganz übel, wenn ich daran denke! Ich kann nicht verstehen, wie Jasmin und die anderen so ruhig sein können, obwohl ich ja glaube, daß sie im tiefsten Innern genauso Angst haben wie ich. Nein, wie schrecklich das alles hier ist!"

Als ihre Schwester im nächsten Moment zu reden anfing, war sie ziemlich überrascht.

„Anne, glaubst du – ich meine, können wir – wäre es nicht eine gute Idee, wenn – wenn wir alle zusammen beten würden? Irgendwie wäre – wäre das doch richtig, oder?"

„Das ist eine hervorragende Idee!" antwortete Anne sofort. „Auf jeden Fall wäre es furchtbar undankbar Gott gegenüber, wenn wir ihm nicht für die sichere Landung, die er uns geschenkt hat, dankten. Besonders wenn man sich vorstellt, was alles hätte passieren können."

Während Gerda mit gemischten Gefühlen reglos dalag, begann Anne mit den anderen zu beten und Gott zu danken. Anschließend beteten alle das „Vaterunser", und zum Schluß bat Anne noch um Bewahrung für die Nacht:

„Erhelle du unsere Dunkelheit, Vater im Himmel, und halte doch bitte alle Ängste und Gefahren in dieser Nacht von uns fern. Wir bitten dich im Namen deines Sohnes, unseres Heilandes Jesus Christus, Amen."

Mit einem fröhlichen „Gute Nacht" legten sich daraufhin alle schlafen. Nur Gerda war zu aufgeregt, um gleich einschlafen zu können. Irgendwie war sie nie auf den Gedanken gekommen, daß es Gott gegenüber ungezogen sein könnte, wenn man ihn gar nicht beachtete. Als ihr dies klar wurde, wurde er ihr auf einmal viel wirklicher und persönlicher, nicht mehr nur ein Name aus der Bibel. Dazu kam noch, daß die plötzliche Offenheit ihrer sonst so ruhigen Schwester sie verblüfft hatte. Jasmin sagte selten ihre Meinung, jedenfalls nicht so frei heraus. Normalerweise wartete sie lieber, bis sich Gerda alles von der Seele geredet hatte. Dann gab sie ihr meistens recht. Nur ganz selten war sie anderer Meinung.

Deshalb war Gerda wie vor den Kopf geschlagen, als ihre sonst so stille Schwester plötzlich den Vorschlag gemacht hatte, sie sollten beten.

Es wurde weder eine friedliche noch eine bequeme Nacht. Der Boden war hart und uneben. Mit fortschreitender Nacht schien es auch immer kälter zu werden. Da die Zweige, die sie aufgelesen hatten, verbrannt waren und niemand im Dunkeln weiteres Brennmaterial suchen konnte, hatten sie das Feuer mit großen, feuchten Grasbüscheln nahezu erstickt. Anne hatte noch etwas Brennholz für den Morgen zurückgelegt. In der Zwischenzeit schwelte das Feuer nur schwach weiter und gab nur wenig Wärme ab, dafür aber beißende Rauchschwaden. Noch niemand hatte richtig geschlafen, als Rita plötzlich alle aus dem Halbschlaf weckte, indem sie laut über ein Insekt weinte, das ihr über das Gesicht gelaufen war. Als man sie mit Streicheln und ein paar Süßigkeiten einigermaßen beruhigt hatte, beschwerte sich Günter über einen Krampf in seinem Bein. Johannes, Jasmin und Gerda begannen wieder vor Kälte zu zittern. Aban nahm einige der wertvollen Äste und brachte das Feuer wieder zum Auflodern, woraufhin alle versuchten, wieder einzuschlafen. Eigentlich gelang es jedoch keinem so richtig. Abgesehen vom Aufbau des kleinen Lagers hatten sie den ganzen Tag über nichts Besonderes getan. Sogar Aban hatte an Bord des kleinen Flugzeugs wenig zu tun gehabt, da es ja nur ein Kurzstreckenflug war. Daher kam es, daß niemand müde genug war, um längere Zeit zu schlafen und die unbequeme Kälte zu vergessen.

In der Nacht hörten sie viele seltsame Geräusche, die ziemlich unheimlich klangen. Allzu oft verschwand der Mond hinter den Berggipfeln und warf lange, schwarze Schatten über das ganze Tal. Deshalb war niemand böse, als endlich der Morgen dämmerte.

Jasmin lag zusammengekauert dicht neben den anderen, um warm zu bleiben. Sie beobachtete, wie es über den Gipfeln ganz langsam hell wurde. „Ich glaube, wir werden bald die Nase voll haben von diesem

Tal, auch wenn es Tag ist", dachte sie. „Wenn die Leute aus dem Dorf nicht sehr früh kommen, schaffen wir es heute nicht mehr, bis in ihr Dorf zu kommen. Vielleicht müssen wir dann noch eine Nacht hierbleiben! Wir müssen uns irgendwie die Zeit vertreiben, sonst ist es nicht zum Aushalten!" Dabei mußte sie daran denken, daß das Warten für Gerda noch schlimmer war als für all die anderen. Immer wenn Gerda ungeduldig wurde, litt ihre Stimmung darunter. Sie würde womöglich eine Szene machen. Plötzlich war Jasmin entschlossen, etwas zu tun, um sie davor zu bewahren. Zu Hause in Leolali hatte sie nie etwas unternommen, um Gerdas schlechte Laune zu verhindern. Sie hatte sich mit allem abgefunden, was immer auch passierte. Jetzt allerdings dachte Jasmin, aus ihr selbst noch unbekannten Gründen, über viele Dinge ganz anders.

„Außerdem", sagte sie sich, „wäre es furchtbar undankbar Gott gegenüber, wenn wir noch Streit bekämen – und bei Gerda ist so etwas schnell passiert! Dabei hätte es gut sein können, daß wir, anstatt gesund und munter hier zu landen, mit dem Flugzeug abgestürzt wären."

BEI DEN SHERPAS

„Haferbrei? Ich weiß nicht, ob ich den mag. Ich habe ihn noch nie probiert." Gerda sah die dampfende Schüssel zweifelnd an. „Zu Hause hatten wir zum Frühstück immer nur Obst."

„Ihr habt ja auch weiter südlich gewohnt, nicht in den Bergen, sondern schon fast im Tiefland", stellte Anne erst einmal klar. „In dieser kalten Luft hier oben braucht man etwas, das wärmt und den Magen füllt, damit man den Tag gut anfangen kann."

„Ist diese Trockennahrung nicht fabelhaft?" fuhr Jasmin fort. „Zu Hause hatten wir ja auch immer Milchpulver, aber ich habe noch nie dieses Breizeug gesehen. Sagtest du nicht, es seien auch noch Kartoffeln in dem Versorgungspaket, Aban?"

„Ja, natürlich. Aber auch als Pulver. Man muß nur noch Wasser hinzugeben", lächelte die Inderin. „So, ich glaube, der Brei ist jetzt fertig. Wir haben auch noch Zucker zum Drüberstreuen!"

Die Northcott-Kinder sahen die beiden Schwestern verständnislos an.

„Habt ihr wirklich noch nie Haferbrei gegessen?" fragte Günter erstaunt. „Ihr müßt ja wirklich in der Wildnis gelebt haben!"

„Haben wir auch!" Gerda probierte vorsichtig den Haferbrei. „Oh, ist der heiß! Aber gar nicht so übel. Schmeckt eigentlich prima!" Sie ließ sich noch etwas auf den Teller geben. Als dann ihr schlimmster Hunger gestillt war, schaute sie sich um. „Ich möchte wissen, wie schnell die Leute vom Dorf hier sein können. Ich habe beim Anflug zur Landung keine Häuser gesehen. Ihr etwa?"

„Natürlich konnten wir keine Häuser sehen", warf Aban ein. „Das Dorf liegt hinter diesem Gebirgskamm, sehr hoch oben, und die Leute müssen zuerst zum Flußbett hinunterklettern, dann wieder hier heraufsteigen, um zu uns zu kommen. Ich glaube nicht, daß sie heute vormittag hier sein können."

Gerdas Augenbrauen zogen sich zusammen. „Aber du sagtest doch, es sei gefährlich, nachts hier herumzuklettern. Wie sollen wir denn das Dorf vor Einbruch der Dämmerung erreichen, wenn wir so spät von hier losgehen?"

„Wir werde heute nicht mehr losgehen", mischte sich Anne ins Gespräch ein. „Die Sherpas – es ist ein Sherpa-Dorf – werden über Nacht hier bei uns bleiben und uns dann morgen bei Tageslicht ins Dorf bringen."

„Wenn wir noch eine Nacht hierbleiben müssen, bin ich dafür, daß wir uns eine Art Hütte oder wenigstens etwas Gemütlicheres bauen als dieses komische zeltartige Ding", warf Jasmin schnell ein, noch ehe ihre Schwester zu Wort kommen konnte. Sie sah die Enttäuschung und das Unbehagen in Gerdas Gesicht und wußte, daß gleich ein Ausbruch folgen würde.

„Ach so, meinst du eine Art – Eingeborenenhütte?" wollte Günter wissen und rettete so die Situation, ohne es zu wissen. „Ich könnte ein paar Äste abschneiden. Ich habe ein Klappmesser – es ist ganz klasse und ziemlich scharf."

„Das ist eine gute Idee, Jasmin!" sagte Anne gleich darauf. „Ja, ich glaube, jetzt, da wir den ganzen Tag

Zeit haben, könnten wir etwas Festeres auf die Beine stellen. Frühstückt erst noch alle fertig, dann fangen wir gleich an!"

Gerda öffnete den Mund, um etwas zu sagen, schloß ihn jedoch unerwartet wieder und schwieg. Sie war schlau genug, um zu erkennen, was ihre Schwester vorhatte, und das machte sie nachdenklich. Aber es verwirrte sie auch. „Ich verstehe ja, daß Jasmin mich daran hindern will, an allem möglichen herumzunörgeln", überlegte sie. „Das ist ja in Ordnung, aber diese Situation paßt mir nicht und – na ja, ich nehme an, es paßt den anderen auch nicht, die mekkern bloß nicht. Hm." Es war nicht gerade erhebend, als sie sich dann eingestehen mußte, daß die kleineren Kinder mit dem Unbehagen und der Angst besser fertig wurden als sie. Doch sie verfolgte diesen Gedanken nicht weiter. Dagegen beschäftigte sie sich wieder mit der Veränderung, die sie bei ihrer Schwester festgestellt hatte. „Ich verstehe nicht, was in Jasmin gefahren ist. Sie ist – irgendwie anders geworden. Nicht gerade tapferer, aber – selbständiger. Schneller bei der Hand mit Antworten und Einfällen."

Als die Sonne höherstieg, wurde es im Tal wesentlich wärmer, obwohl die Luft im Vergleich zu der großen Hitze im Flachland Indiens noch immer kühl und frisch war. Die ganze Gruppe arbeitete fleißig, froh, sich beschäftigen zu können. Sie suchten den Boden nach Steinen ab und sammelten Brennholz. Günter hielt mit Annes Hilfe nach Ästen und Zweigen Ausschau, die groß genug waren, um ihnen Schutz zu bieten, aber nicht zu dick, so daß er sie mit seinem Messer noch abschneiden konnte. Als Aban alle zum Mittagessen mit Suppe und Kartoffeln herbeirief, die sie aus den Pulverpäckchen der „eisernen Ration" bereitet hatte, stand an drei Seiten bereits ein vierzig Zentimeter hoher Steinwall. Das war ein guter Grundstock für die neue „Schutzhütte".

Nach dem Essen arbeiteten sie weiter. Jetzt mußten sie die langen, dünnen Äste aufstellen, die Günter abgeschnitten hatte. Sie wurden schräg in den Boden gesteckt. Die Spitzen liefen dann am höchsten Punkt der Hütte zusammen, wo sie zu einem First zusammengebunden werden sollten.

„Wie wir die Äste nun ohne Draht oder Seil zusammenbinden sollen, weiß ich allerdings nicht", sagte Günter und rieb sich mit dem Handrücken die Nase.

An dieses Problem hatten sie bis zu diesem Augenblick überhaupt nicht gedacht – aber sie gaben sich noch lange nicht geschlagen.

„Gürtel", schlug Anne vor; Gerda meinte „einen Schal", und Jasmin schlug „Stengel von Schlingpflanzen" vor. Am Ende einigte man sich auf alle drei Vorschläge, und wenn das Ergebnis auch nicht gerade wie eine Schutzhütte aus einem Heimwerkerbuch aussah, so war sie doch weit besser als das „Zelt" vom Vortag. Schließlich befestigten sie noch eine Decke von innen an den Ästen. Zum Schluß brauchten sie das „Dach" nur noch mit Zweigen und etwas Gras abzudecken.

„Jeder, der sagt, dies sei eine leichte Arbeit, soll es erst einmal nachmachen", seufzte Gerda, während sie angestrengt mit einem dornigen Ast kämpfte. „Es ist vielleicht einfach auf einer einsamen Insel, wo es Palmblätter und ähnliches gibt, aber hier ist alles viel schwieriger. Sogar das Gras hilft nicht viel."

„Es würde schon helfen, wenn wir wüßten, wie wir das Dach richtig decken sollen, auch ohne Seile oder Kordeln", machte Anne ihr klar, während sie versuchte, ein paar Reisigbüschel zu befestigen.

„Trotzdem, solange wir überhaupt eine Abdeckung haben, ist es gar nicht so schlecht", sagte Jasmin hoffungsvoll und klemmte ein Grasbüschel zwischen zwei Ästen fest.

Gerda hockte auf ihren Fersen und schaute ihrer Schwester verwundert zu.

„Was ist bloß in dich gefahren, Jasmin? Was soll denn dieses Theater?" wollte sie wissen.

„Ich spiele kein Theater. Ich bin halt fröhlich!"

„Du machst wohl Witze! Fröhlich? In dieser Situation? Ist es dir noch nicht aufgegangen, daß selbst wenn wir das Sherpa-Dorf erreicht haben, es noch eine Ewigkeit dauert, bis wir weiterreisen können? Es kann Monate dauern, bis wir nach England kommen!"

„Das ist mir schon klar. Ich bin ja nicht bescheuert." Jasmin zögerte. Die alte Angst vor Streit und Schwierigkeiten mit ihrer Schwester Gerda wollte sie von ihrer neuen Einstellung abbringen. Doch auf einmal wurden ihr ihre anfänglich so verschwommenen Vorstellungen ganz deutlich und sie sagte mit ungewohnter Überzeugung: „Die Sache ist die, Gerda, ich bin so dankbar, daß ich überhaupt noch am Leben bin und es mir gut geht, nach der Geschichte mit dem Flugzeug. Und ich glaube, das mindeste, was wir tun können, ist, diese Freude zu zeigen. Ich meine, dankbar zu sein. Und – und na ja, wir hatten ja festgestellt, daß wir gar keine echten Christen sind; aber von jetzt an will ich versuchen, einer zu sein. Schließlich haben wir ja gesehen, daß wir Gott sehr nötig brauchten, als wir in dem Flugzeug saßen. Und ich glaube, es wäre einfach gemein, Gott weiter zu ignorieren, wie wir es früher getan haben."

Sie machte eine Pause, weil sie erst einmal Atem

holen mußte, so schnell hatte sie diese Worte hervorgesprudelt. Es stand außer Zweifel, daß die Serie schwerwiegender Ereignisse, durch die das Leben der Mädchen seit Gerdas Geburtstag so tiefgreifend erschüttert worden war, die stets gelassene und unkomplizierte Jasmin aus ihrer Gleichgültigkeit ganz schön wachgerüttelt hatte. Während der angstvollen Stunden im Flugzeug hatte sie – vielleicht zum ersten Mal in ihrem Leben – die Nähe und die Wirklichkeit Gottes gespürt und erfahren. Jesus Christus selbst war ihr plötzlich zu einer Person geworden statt eines, wenn auch vertrauten Namens aus der Bibel. Als ihr diese wichtige Tatsache bewußt geworden war, änderte sich ihre ganze innere Einstellung. Jetzt ahnte sie sogar, weshalb Männer und Frauen wie ihre Eltern und die Southgates bereit waren, dem Herrn auch unter schwierigen Bedingungen zu dienen. Natürlich waren ihre Vorstellungen und Empfindungen noch sehr vage und verschwommen, doch sie hatte keine Zweifel mehr, daß Jesus lebte und immer gegenwärtig war.

Gerda war sprachlos und starrte ihre Schwester mit offenem Mund an. Wann hatte Jasmin jemals eine solche Rede gehalten oder so deutlich ihre Meinung über etwas gesagt?

„Menschenskind!" Das war alles, was Gerda vorbachte, ehe sie sich wieder etwas erholte. Dann sah sie stirnrunzelnd auf die Grasbüschel, die sie gerade sammelte. Plötzlich wurde sie etwas neidisch. Jasmin, die Southgates und ihre Eltern waren sich alle so sicher, so fest in ihrem Glauben, daß es schien, als seien sie gegen alle Ängste und Unannehmlichkeiten, die einem so im Laufe der Zeit begegneten, gefeit. Gerda war überzeugt, daß ihre Schwester ebenso wie Anne und Aban die gegenwärtige Situation genauso ungemütlich empfand wie sie selbst. Aber die anderen wurden viel, viel besser damit fertig als sie. Dadurch war sie unsicher geworden. Sie wünschte und brauchte die Gewißheit, daß Gott an diesem einsamen Ort bei ihnen war. Und doch wollte sie es sich vorbehalten, ihn zu akzeptieren oder nicht, denn dies würde bedeuten, daß sie sich ändern müßte. Wenn sie Jesus Christus als ihren Herrn anerkannte, müßte sie ihm die Herrschaft über ihr Leben übergeben, anstatt selbst darüber zu bestimmen. Das war der eigentliche Grund, der sie zurückhielt.

Gegen drei Uhr nachmittags war ihre Notunterkunft so gut wie fertig. Anne bemerkte ganz richtig, daß ihr Bau zwar nicht schön, aber doch mindestens in der Lage war, Regen und Wind von ihnen abzuhalten.

„Wir sammeln am besten noch etwas Brennholz, solange es hell ist", ordnete sie an, „und dann wollen wir erst einmal etwas essen."

Obwohl die ganze Gruppe nach der ungewöhnlichen Arbeit müde war, sahen alle ein, daß dies notwendig war. So teilten sie sich und hoben jedes noch so kleine Stückchen trockenes Brennholz auf. Allmählich mußten sie sich etwas weiter vom Lager entfernen, da sie das Material in ihrer unmittelbaren Umgebung schon zum Bau der kleinen Hütte verwendet hatten. In Begleitung von Günter machte sich Gerda voller Energie daran, den ganzen Landestreifen abzusuchen. Sie wollten gerade in das Dickicht vor ihnen eindringen, als sie plötzlich Stimmen hörten.

Erschrocken blieben die beiden stehen und starrten in die Richtung, aus der die Stimmen gekommen waren. Im nächsten Moment entdeckten sie zwischen den Bäumen einige grinsende, vom Wetter gegerbte Gesichter. Ein paar Sekunden später trat eine Gruppe Männer aus dem Dickicht hervor.

„Sherpas", sagte Günter. „Ich habe sie schon auf Bildern gesehen! Ob die wohl Englisch sprechen können?"

Gerda sah die braunen Gesichter etwas zweifelnd an, doch zumindest einer der Männer schien Günters Bemerkung verstanden zu haben. Sein Grinsen wurde noch freundlicher, und er nickte einige Male kräftig.

„Thak Kung Sherpa. Viele Bergtouren mit Bara Sahib. Ja, Englisch verstanden", sagte er deutlich, und alle anderen nickten und lachten die Kinder freundlich an.

„Sehr gut! Seid ihr gekommen, um uns zu eurem Dorf zu bringen? Wird das lange dauern? Kommt mit und lernt den Rest unserer Gruppe kennen!" stieß Gerda erleichtert hervor.

„Jaa", sagte Thak Kung gedehnt, als würde er alles verstehen, obwohl Gerda überzeugt war, daß er nur einen Teil dessen verstanden hatte, was sie gesagt hatte. Die Sprachbarriere schien allerdings keine große Rolle zu spielen. Die Sherpas lachten und unterhielten sich fröhlich in ihrer Sprache, während sie über die Notlandebahn gingen. Sobald das Lager in Sicht kam, fing Günter laut an zu jodeln. Auf diese Leistung war er sehr stolz. Außerdem lockte sie Anne, Aban und die anderen aus der Schutzhütte heraus, weil sie sehen wollten, was das zu bedeuten hatte. Die Sherpas sahen die kleine Gruppe mit unverhohlener Verwunderung an.

„Keine Bara Sahibs? Nicht Bergsteigen?" fragte Thak Kung. Eine Gruppe von fast nur weiblichen

Mitgliedern und einigen Kindern hatten sie wohl nicht erwartet.

„O Hilfe, die denken, wir seien eine Expeditionsgruppe!" sagte Anne. „Wie erklären wir ihnen bloß die Flugzeugentführung?"

Glücklicherweise sprach Aban fließend Nepalesisch, was die meisten der Sherpas zu verstehen schienen, wenn auch nicht perfekt. Auf ihren runzeligen und wettergezeichneten Gesichtern zeichnete sich Verwunderung ab, als ihnen die Situation erklärt wurde, und nach einer kurzen Diskussion nickte Thak Kung der kleinen Gruppe Europäer nachdenklich zu.

„Tut Sherpas leid, europäische Frauen! Machen Willkommen in unserem Dorf. Ihr bleiben lange Zeit."

„Ich fürchte, daß dies wahr wird", sagte Aban leise zu Anne. „Sie haben keinen Kontakt zur Außenwelt, wenigstens nur ganz selten. Wir sind hier wirklich gestrandet und sitzen fest."

EINE ÜBERRASCHUNG FÜR GERDA

In der zweiten Nacht war es in dem kleinen Lager schon etwas wärmer als in der ersten, aber Anne, Aban und den Kleinen kam es kaum bequemer vor. Der selbstgebaute Schutz hielt jedoch den kalten Wind fast ganz ab. Nur der Boden, auf dem man schlafen mußte, war immer noch sehr hart. Deshalb waren alle am nächsten Morgen steif und konnten sich kaum bewegen. Trotzdem konnte sogar Gerda den Tag fröhlich beginnen, denn jetzt bestand ja die Aussicht, daß sie heute ihr einsames Lager verlassen konnten. Die Sherpas, die über Nacht dageblieben waren und sich um ein knisterndes Feuer herum niedergelegt hatten, waren gleich bei Anbruch des Morgengrauens munter. Sie lachten und scherzten, ohne sich von der trostlosen Umgebung beeindrucken zu lassen. Aban kochte etliche Kannen voll heißen Kaffee.

Nachdem die Kinder ihren gezuckerten Haferbrei gegessen hatten, hatten sie nur noch einen Wunsch: Fort von hier!

Schließlich ging es dann auch los. Die Sherpas trugen ihr Gepäck sowie Abans „Eiserne Ration", ohne sich über die schweren Lasten zu beklagen.

Zuerst führte sie ihr Weg, vom anderen Ende der Landebahn an, langsam bergab. Dann aber wurde der Pfad immer schmaler, steiler und schwieriger, so daß die unerfahrenen Europäer froh waren, daß sie nichts zu tragen brauchten. Aban mit ihrem langen Sari und ihren dünnen Sandalen seufzte öfters. Während des Abstiegs hörten sie immer deutlicher das Rauschen eines Wasserfalls. Es wurde immer lauter, bis es schließlich alle anderen Geräusche übertönte. Nach einiger Zeit erreichten sie dann einen tosenden Fluß.

„Auweia! Müssen wir da rüber?" fragte Jasmin und schaute ängstlich auf die hinabstürzenden grauen Wassermassen. „Aber – es muß ja gehen, sonst wären die Sherpas nicht diesen Weg gegangen."

„Kommt, Mädchen! Thak Kung sagt, wir müßten den Fluß weiter oben überqueren!" rief Anne den beiden Schwestern zu, die mühsam dem Rest der Gruppe folgten, die am Ufer flußaufwärts marschierte.

Es war eine nervenaufreibende Wanderung über lose und glitschige, mit Moos bewachsene Steine; über versteckte Strudellöcher und Baumstümpfe, auf denen man leicht ausrutschen konnte, wenn man nicht aufpaßte. Dabei war die ganze Zeit das reißende Wasser nur wenige Zentimeter unter ihren Füßen. Hier stellte Gerda zum ersten Mal in ihrem Leben fest, daß sie Angst vor dem Wasser hatte, obwohl sie doch so gerne schwamm. Nach kurzer Zeit machte sie das tosende Wasser, das so nahe an ihren Füßen vorbeifloß, unsicher und schwindelig. Es fiel ihr jedoch nicht ein, dies jemand anderem gegenüber zuzugeben. Mühsam kämpfte sie sich weiter vorwärts, wobei sie sich selbst unsagbar leid tat, bis sich plötzlich eine warme, klebrige Hand in die ihrige schob und der kleine Johannes dicht neben ihr auftauchte. Unter seinen vielen Sommersprossen war sein Gesicht schneeweiß. Als Gerda ihn genauer anschaute, stellte sie fest, daß er vor dem Wasser genausoviel Angst hatte wie sie. So klein er auch war, wollte er aber auf keinen Fall seiner Angst nachgeben. Gerda konnte ihn gut verstehen, und zum ersten Mal kümmerte sie sich mehr um die Not eines andern als um ihre eigenen Sorgen.

„Ich glaube nicht, daß wir noch lange so weitergehen müssen, mein Kleiner!" versuchte sie ihn zu trösten. „Es hört bestimmt bald auf! Wir halten uns gut aneinander fest, so daß keiner von uns beiden ausrutscht, was meinst du? Kannst du dir vorstellen, daß wir den Berg dort hochsteigen, oder den da gerade vor uns?"

Indem sie ganz entschlossen alles mögliche plauderte, was ihr gerade einfiel, versuchte sie die Aufmerksamkeit des Jungen so weit wie möglich vom Wasser abzulenken. Und durch dieses Bemühen fühlte sie sich selbst bald besser.

Es war Schwerstarbeit, den Sherpas zu folgen, aber Gerda hatte solch eine Angst, man könnte sie auf diesem gefährlichen Pfad zurücklassen, daß sie mit aller Kraft vorwärts eilte und Johannes mitzog. Allmählich konnten sie alle die Höhe fühlen, denn obwohl sie vom Landefeld aus zunächst bergab gegangen waren, bis zum Fluß, lag das ganze Tal wesentlich höher als die verhältnismäßig hügelige Gegend bei Leolali, wo die Oakes gewohnt hatten. Für Gerda bedeutete jeder Schritt große Mühe und Anstrengung. Erst jetzt wurde ihr klar, daß Anne, Aban und die drei Northcotts eigentlich noch erschöpfter sein mußten als sie selbst, denn sie hatten ja die meiste Zeit im indischen Tiefland gewohnt.

„Denen muß es ja noch schlimmer gehen als Jasmin und mir", sagte sich Gerda. „Ich habe echt Mitleid mit ihnen. Aber keiner von ihnen beschwert sich!"

Das war ein Grund, weshalb sie fest entschlossen war, nicht zu jammern. Der andere Grund war ihr Stolz, obwohl der in der letzten Zeit einige Male erschüttert worden war. Und doch war es auch nicht nur Stolz, der sie weitertrieb, ohne sich zu beschweren. Sie war sich selbst nicht im klaren über ihre Gefühle. Alle bisherigen Anstrengungen erschienen jedoch unbedeutend, als sie an die Stelle kamen, wo sie den Fluß überqueren sollten. Gerda und Johannes erreichten ihre Führer, die sich auf einem dreieckigen, flachen Felsvorsprung gesammelt hatten, der gegenüber einem Gewirr von Felsblöcken und verfaulten Baumstämmen lag.

„Hier ist die Stelle, wo wir den Fluß überqueren müssen", sagte Anne in einem Ton, der über ihre wahren Gefühle hinwegtäuschte. „Bei jedem Monsunregen wird die Brücke weggespült, daher ist dies die beste Stelle zum Überqueren."

Johannes' kleine, warme Hand klammerte sich fester an Gerda. Ohne ihn anzusehen, wußte sie, daß er schreckliche Angst hatte. Sie merkte, daß sie auch selbst in Panik geriet, doch gleichzeitig wußte sie, daß es jetzt wichtiger war, dem Kleinen zu helfen. Bisher hatte sie wenig Kontakt zu Kindern gehabt. Sie waren ihr immer gleichgültig gewesen, wie überhaupt alle Leute außerhalb ihrer Familie. Doch sie konnte einen anderen verstehen, der sich genauso fürchtete wie sie selbst. Daher gab sie sich jetzt auch viel Mühe und schaffte es nach mehrmaligem Schlucken, ihrer Stimme einen festen Klang zu geben.

„Wenn Thak Kung und die anderen uns hinüberhelfen, werden wir das schon schaffen! Johannes jedenfalls wird mir helfen, schließlich ist er ja ein Junge. Diese Baumstämme und -stümpfe sehen fest genug aus, und an dieser Stelle ist der Fluß auch nicht besonders breit. Die Sherpas gehen ja wohl immer hier hinüber, also kann es nicht so schlimm sein."

Noch ehe jemand etwas darauf sagen konnte, organisierte Thak Kung die Flußüberquerung, und sie mußten weiter. Mit je einem grinsenden Sherpa rechts und links wurde jeder einzelne vorsichtig hinübergebracht, von einem nassen Felsblock zum nächsten, über Steine und Baumstümpfe, die einen unebenen Pfad durch das schäumende Wasser bildeten. Allen wurde heiß vor Angst und Anstrengung. Sie wurden zwar etwas naßgespritzt, aber niemand rutschte ernstlich aus, so daß er ins Wasser gefallen wäre. Und seltsamerweise dauerte es gar nicht lange, bis die ganze Gruppe sicher auf der anderen Seite des Flusses stand.

„Ha – habe ich geholfen?" stammelte Johannes. Er hielt immer noch Gerdas Hand krampfhaft fest.

„Natürlich hast du geholfen, mein Kleiner! Wir haben uns doch gegenseitig festgehalten, oder nicht?" versicherte sie ihm und brachte es dadurch fertig, daß er nach der Angst und Aufregung sogar lächelte. „Was glaubst du denn, wir beide sind doch ein Team, du und ich. Komm, wir wollen den anderen zeigen, wie wir klettern können!"

„Gut gemacht, Gerda, mach weiter so!" lobte Anne sie leise, als Johannes gehorsam weiterging und Jasmin und Rita auf dem steilen Pfad folgte. Gerda zog er an der Hand hinter sich her.

Keiner hatte mehr viel Luft zum Reden, da es nun immer steiler bergauf ging. Sie mußten oft eine Pause machen, um sich auszuruhen. Doch trotz der schweren Kletterei und der zunehmenden Müdigkeit war Gerda innerlich ungewöhnlich ruhig und zufrieden.

Schließlich kamen sie aus dem engen, schluchtartigen Tal heraus und folgten einem eigenartigen Pfad, der zu einem Felsvorsprung hinauf- und dann um ihn herumführte. Als sie immer höher stiegen, konnten sie sehen, wie die Sonne auf die anderen Berggipfel schien, deren Schneekronen im klaren, blauen Himmel glitzerten. Es war ein wunderbarer Anblick, aber keiner konnte sich im Augenblick so recht darüber freuen. Höchstens die Sherpas, aber die hatten dieses großartige Panorama sicher schon oft gesehen.

Lange bevor sie halbwegs zu dem Felsvorsprung gekommen waren, gab Thak Kung seine Gepäckstücke einem anderen Mann. Mit einem breiten Grinsen hob er die kleine Rita auf seine Schultern. Einer seiner Begleiter tat das gleiche mit Johannes. Zu Günters Erleichterung hatte man ihn für männlich genug gehalten, um allein weiterzugehen, und ihm so die Demütigung erspart, sich tragen zu lassen. Als sie jedoch den Gipfel erreicht hatten, waren sogar die Mädchen, die die meiste Ausdauer hatten, erschöpft und sehnten sich danach, sich hinzusetzen und auszuruhen. Statt ihnen jedoch Ruhe zu gewähren, forderte Thak Kung sie auf, weiterzugehen und noch die letzten Meter um einen Felsvorsprung herum zu klettern. Als sie das geschafft hatten, wurden sie reich belohnt. Vor ihnen lagen keine Berggipfel mehr, sondern nur noch ein dreieckiges Hochplateau, auf dem das Sherpa-Dorf sowie einige kleine Kartoffelfelder zu sehen waren. Eine Frau, die gerade Wasser aus einer Quelle schöpfte, hatte gleich die kleine Gruppe bemerkt und begann sie lautstark willkommen zu heißen, so daß alle Leute aus den Häusern und von den Feldern herbeigerannt kamen. Nach wenigen Augenblicken schien das halbe Dorf auszuschwärmen, um sie zu begrüßen. Angeführt von Thak Kung, zogen die Neuankömmlinge dann inmitten einer fröhlichen, aufgeregten und schreienden Menschenmenge in das Dorf Lamjura ein.

Mit ihrer Vorliebe, Dinge auszuschmücken, erzählten Thak Kung und die anderen Männer den Dorfbewohnern von der Flugzeugentführung, unterbrochen von zahlreichen Uh- und Ah-Rufen der Zuhörer. Als sie das erste Haus erreichten, teilten zwei mütterliche Sherpa-Frauen mit freundlichem Gesicht die Menschenmenge und führten die müden Wanderer ins Haus.

„Hier wohnt Thak Kung", hatte Aban mitbekommen. „Er ist der Häuptling, und dies sind seine Frau und seine Mutter."

Schon fünf Minuten später saßen die müden Wanderer auf dicken, bunt gefärbten Teppichen in einem warmen Zimmer. Hier waren sie endlich vor dem kalten Wind geschützt. Als ihre freundliche Gastgeberin ihnen dann eine Erfrischung zubereitete, konnten sie sich vor Erschöpfung kaum noch wach halten. Rita und Johannes schliefen auch tatsächlich ein, nachdem sie ihren ersten Becher mit frischer, heißer Jakmilch getrunken hatten.

„Hast du das gesehen?" murmelte Jasmin. „Der ganze untere Teil des Hauses ist ein Stall!"

„Hm, gute Idee! Dann brauchen sie im Winter nicht nach draußen zu gehen, um die Tiere zu füttern", nickte Gerda schläfrig. „Da haben sie weniger Probleme. Ich finde das nicht schlecht!"

„Für jemanden, der Probleme um jeden Preis vermeiden möchte, hast du heute mit Johannes gute Arbeit geleistet, Gerda", warf Anne lächelnd ein.

„Ist das wahr?" Gerda versuchte noch einmal munter zu werden, aber das warme Zimmer und die weichen Teppiche, auf denen sie saßen, vereitelten ihren Versuch, nach der Kälte und den Anstrengungen des Marsches. „Er hatte Angst", murmelte sie schon halb im Schlaf. „Er ist auch noch sehr klein. Der rauschende Fluß jagte uns beiden schreckliche Angst ein."

„Ich weiß. Da dachtest du, du könntest Johannes helfen, und das hast du auch getan. Ich bezweifle, daß er es ohne dich geschafft hätte."

Jasmin nickte zustimmend und schauderte, als sie daran zurückdachte. „Es war entsetzlich. Ich hätte nie gedacht, daß mir vor einem Fluß so grauen würde!"

Bei diesem Gedanken wurde Gerda wieder etwas munterer.

„Ich auch nicht", meinte sie nachdrücklich. „Mir schlotterten die Knie vor Angst, ich würde hineinfallen. Ich fühlte mich richtig elend. Johannes ist zwar noch ein kleiner Junge, aber er war erstaunlich tapfer. Ich war dann so mit ihm beschäftigt, daß ich das Schlimmste vergaß."

„Das passiert oft, wenn wir unseren Nächsten lieben und uns um ihn kümmern", sagte Anne leise.

Diese Bemerkung riß Gerda aus ihrer Schläfrigkeit, so daß sie vor Überraschung aufsprang.

„Das ist doch Unsinn! Ich liebe Johannes überhaupt nicht", sagte sie mit gewohntem Eifer. „Ich wollte ihm einfach helfen."

„Ich weiß. Aber verstehst du denn gar nicht, Gerda? Wenn ich jemandem helfen will, liebe ich ihn", erwiderte Anne geduldig. „Echte Liebe besteht nicht aus irgendwelchen Gefühlen und – und Gefühlsduselei. Echt lieben heißt, sich um jemanden kümmern, so wie du dich heute um Johannes gekümmert hast. Es heißt, zu helfen und den andern froh machen zu wollen. Verstehst du jetzt?"

Gerda schaute sie einige Sekunden lang an und versuchte trotz ihrer Müdigkeit, den Sinn von Annes Worten zu erfassen. Schließlich nickte sie bedächtig.

„Hm, ist doch eigenartig", murmelte sie gähnend. „Ich war ein barmherziger Samariter und wußte es gar nicht. Nun ja. Vielleicht ist die Sache mit dem Christentum doch nicht so abwegig."

IM SHERPA-DORF LAMJURA

„Na ja, wie du es auch nennen magst, eine friedliche Nacht war es nicht gerade, aber ich war ja so müde, daß es keine Rolle spielte. Au! Bin ich steif!" Anne streckte sich und verzog das Gesicht, als sich ihre Muskeln zu gehorchen weigerten.

„Aber wenigstens war es schön warm!" Gerda gähnte, rieb sich die Augen und versuchte, richtig wach zu werden. „Du meine Güte, was raucht denn da so?"

„Frau Thak Kung macht Feuer, um zu kochen", erklärte Jasmin. „Auweia, ich bin auch so steif! Es war nett von den Leuten, uns gestern abend hier unterzubringen, denn ich glaube, dies ist ihr bestes Zimmer. Aber was fangen wir jetzt an, Anne? Ich meine, wir werden wahrscheinlich nicht so schnell von hier wegkommen, oder? Und wir können ja gar nicht die ganze Zeit bei den Kungs bleiben. Ich könnte wetten, daß sie letzte Nacht bei den Tieren geschlafen haben, jedenfalls einige von ihnen."

„Du hast sicher recht, Jasmin. Wir müssen versuchen, uns selbst zu helfen, so daß wir den Sherpas, solange wir hier sind, nicht zur Last fallen. Thak Kung sagte, er würde Boten hinuntersenden nach – ach, ich habe den Namen des Dorfes vergessen. Dort ist eine Funkstation und ein Militärposten, so daß sie die Botschaft weitergeben können nach – nach Katmandu, glaube ich. Das erscheint mir zwar etwas umständlich, aber sie werden es wahrscheinlich am besten wissen. Wenn unsere Eltern nur erfahren, daß wir wohlauf sind, dann spielt es keine Rolle, wie sie es erfahren. In der Zwischenzeit können wir auch nicht hierbleiben. Das wäre für die Kungs eine zu große Belastung. Nicht, daß sie etwas sagen würden, aber ihr ganzes Haus ist ja überfüllt. Aban, glaubst du, daß wir hier im Dorf ein Haus mieten könnten?"

Aban nickte im Halbdunkel des Zimmers. „Ich will einmal fragen; es sollte eigentlich möglich sein."

„Wic ist es mit Bargeld? Wie sollen wir sie bezahlen?" fragte Gerda ganz offen.

„Wir müssen hoffen, daß sie uns vertrauen", meinte Anne zögernd. „Ich habe nur ein paar Rupien bei mir. Ansonsten habe ich Reiseschecks, und ich bezweifle, daß die ihnen etwas nützen."

Ehe sie dieses Problem weiter besprechen konnten, betrat Frau Kung, gefolgt von zwei ihrer schlanken Töchter, den Raum. Alle drei brachten Schüsseln herein, die dampften und appetitlich rochen. Die gutmütige Sherpa-Frau und ihre Töchter konnten zwar kein Wort Englisch, aber mit einem freundlichen Lächeln und natürlicher Gestik konnten sie sich ganz gut verständlich machen. Frau Kung verstand jedoch etwas Nepalesisch, und während des Frühstücks versuchte Aban, ihr die Situation zu erklären. Es dauerte lange, bis Frau Kung begriffen hatte, worum es ging. Ihre Töchter Neri und Sola kicherten ununterbrochen. Dazu kam noch eine Gruppe kleinerer Kinder, die sich mit großen, verwunderten Augen ins Zimmer drängten. Anne und die anderen beobachteten das ausdrucksvolle Gesicht ihrer Gastgeberin, das zunächst Befremdung widerspiegelte, dann Besorgnis ausdrückte und schließlich, nach Abans Redeschwall in Nepalesisch, ruhig und verständnisvoll wirkte.

Als Frau Kung dann endlich lächelte, nickte und sich mit einer Flut von Worten ihren Kindern zuwandte, erklärte Aban: „Sie dachte zuerst, wir wären mit ihrem Haus nicht zufrieden und fühlten uns nicht wohl hier. Das wäre nämlich eine grobe Verletzung ihrer Gastfreundschaft gewesen."

„Oh, Hilfe! Hast du es geschafft, daß sie dich verstanden hat?" fragte Anne besorgt.

„Ja, am Ende schon. Sie sagte, sie wolle Neri schikken, um bei Angma Dorje zu fragen. Da seine Eltern gestorben sind, hat er jetzt zwei Häuser, und vielleicht könnten wir eins davon benutzen. Thak Kung ist weggegangen, um einen Boten zu suchen, der nach Chalikumba gehen soll – das ist der Ort, wo sie eine Funkstation haben, um Nachrichten weiterzugeben", fügte sie dann hinzu.

Alle seufzten erleichtert über diese Auskunft, weil sie sich doch darüber Gedanken gemacht hatten, daß sie so völlig von der Außenwelt abgeschnitten waren.

„Es macht mir ja eigentlich nichts aus, vorerst noch hierzubleiben", versuchte Günter sich zu entschuldigen, „aber Mutti und Vati machen sich bestimmt große Sorgen, bis sie wissen, daß wir in Sicherheit sind."

„Da hast du recht." Anne nickte. „Je eher unsere Angehörigen zu Hause wissen, daß wir o.k. sind, desto besser. Gott sei Dank für die Funkstation! Vor ein paar Jahren hätte es sicherlich Monate gedauert, bis man eine Nachricht zur Außenwelt gebracht hatte."

„Ich hoffe nur, daß Vati sich keine Sorgen um uns macht", murmelte Jasmin bekümmert. „Es – es geht ihm ja wirklich nicht so gut, daß er sich auch noch um uns Sorgen machen kann."

„Ich nehme doch an, daß die Ärzte so schlau sind und ihm nicht erzählen, daß wir vermißt werden", warf Gerda, leidenschaftlich wie immer, ein. „Sie werden doch einem kranken Mann nicht auch noch Grund zur Besorgnis geben! Ich hoffe, daß sie ihm für eine Weile auch keine Zeitungen geben und ihn nicht Radio hören lassen."

„Gerda hat recht, Jasmin", fügte Anne hinzu. „Keiner wird euren Vater damit belasten. Und wenn er soweit hergestellt ist, daß er es verkraften kann, ist vielleicht schon alles vorbei, denn dann können sie ihm schon berichten, daß man uns gefunden hat."

Auf dieses Argument hin beruhigte sich Jasmin. „Dann ist es eigentlich gar nicht so übel, daß Vati krank ist, denn nun braucht er sich wenigstens keine Sorgen um uns zu machen", meinte sie nachdenklich. „Herr und Frau Southgate und Günters Eltern – oh, und natürlich auch Abans Familie – sind vor Sorge sicher halb krank. Hm, ich hätte nie gedacht, daß ich einmal für Vatis Krankheit dankbar sein würde, aber jetzt bin ich es tatsächlich. Ist das nicht komisch?"

„Ja, das ist es. Aber da sieht man wieder, wie töricht es ist, Gott anzuklagen, wenn einmal etwas geschieht, was uns nicht paßt", erklärte Anne. Im gleichen Augenblick kam Frau Kung zurück. Sie lächelte und hatte offensichtlich Neuigkeiten auf Lager.

„Sie sagt, daß Angma Dorje uns das Haus so lange vermieten will, wie wir hierbleiben müssen", übersetzte Aban. „Kommt, wir können es uns gleich ansehen!"

Das ließen sie sich nicht zweimal sagen. Jeder schlüpfte in seinen Anorak. Aban hatte sich von Frau Kung eine dicke Jacke geliehen. Dann rannten sie alle die Treppe hinunter und hinaus ins klare, aber kalte Sonnenlicht.

Ein würdevoller junger Sherpa erwartete sie an der Haustür, und nach einer freundlichen Begrüßung betraten sie einen Steinweg. Das war die Hauptstraße und zugleich auch die einzige Straße von Lamjura. Das Haus, das Angma Dorjes Eltern gehört hatte, war klein, ähnlich wie das von Thak Kung. Trotzdem war es besser, daß die sieben Gestrandeten hier bleiben konnten, um ihren freundlichen Gastgebern nicht noch mehr zur Last zu fallen.

„Ich glaube nicht, daß Möbel drin sind, aber wir haben ja unsere Decken und Abans Notkoffer, da werden wir es schon schaffen", sagte Anne, nachdem sie sich von ihrem Vermieter unter der Haustür feierlich verabschiedet hatten. „Vielleicht können wir ein paar Töpfe und Pfannen zum Kochen kaufen. Auf jeden Fall wird es besser sein, als in dieser Höhe im Freien kampieren zu müssen!"

Fröhlich schwatzend tasteten sie sich die dunkle Treppe hinauf, um dann in ein leeres, sauberes Zimmer mit Balkon zu treten, das von der Sonne erhellt und erwärmt wurde.

„Das ist hübsch", wollte Anne gerade sagen, als von unten plötzlich ein lauter Schrei zu hören war. Gleich darauf stürzte Jasmin mit angstverzerrtem Gesicht ins Zimmer. Sie hatte als letzte das Haus betreten und war am Fuß der Treppe geblieben, um sich einen Stein aus ihren Sandalen zu holen.

„D – da unten be – bewegt sich etwas", stammelte sie. „Es sieht schwarz und ganz scheußlich aus!"

Alle schauten Jasmin bestürzt an. Schließlich raffte sich Anne auf. „Ich will nachschauen! Aban, wo sind die Streichhölzer? Danke." Sie steckte schnell einen Fetzen Papier an, den sie aus ihrer Handtasche geholt hat. Dann eilte sie zur Treppe. Die anderen folgten ihr.

Das flackernde Licht warf seltsame Schatten an die rauhen Wände. Der Schein spiegelte sich in einem freundlichen Augenpaar, das sie aus einem pechschwarzen Gesicht fragend anschaute. Anne atmete erleichtert auf.

„O Jasmin!" lachte sie. „Das ist ein echter Jak, ein ziemlich kleiner sogar. Angma Dorje benutzt wahrscheinlich diesen Stall zusätzlich zu dem in seinem Haus."

„Ach!" Jasmin sah ziemlich verdutzt drein, lachte dann aber herzlich mit über ihre Dummheit. „Bin ich blöd! Aber ich hatte nicht daran gedacht, daß in dem leerstehenden Haus Tiere sein könnten!"

„Nun ja, schließlich sind wir von zu Hause her nicht daran gewöhnt, das gebe ich zu", räumte Anne ein. Dabei löschte sie den brennenden Papierfetzen aus, um sich nicht die Finger zu verbrennen. „Aber jetzt teilen wir uns am besten auf und sehen zu, was wir tun können, um das Haus gemütlich zu machen."

Es dauerte nicht lange, da hatten sie alle ihre Sachen in das große Zimmer gebracht. Abgesehen von zwei schweren Holzbänken und einem niedrigen Tisch war das Zimmer unmöbliert.

„Eine Art Betten oder wenigstens Schlafsäcke sind das erste, was wir brauchen", verkündete Anne gerade mit lauter Stimme, als Schritte auf der kahlen Holztreppe Besuch ankündigten. Im nächsten Augenblick traten Frau Kung und drei andere, lächelnde Sherpa-Frauen mit einer Anzahl Kinder in den Raum. Jede der Frauen trug ein Bündel mit irgendwelchen Sachen, darunter Töpfe, Pfannen und Schüsseln. Bald wurde der Reisegruppe klar, daß die freundlichen Sherpas genau wußten, was die Fremden brauchten, und bereit waren zu helfen. Mit viel Gelächter und fröhlichem Geschnatter schien sich das ganze Dorf aufzumachen und irgendwelchen Hausrat zu bringen. Als der letzte grinsende kleine Junge gegangen war, war Angma Dorjes ehemals leeres Haus komplett eingerichtet.

„Sind sie nicht nett?"

Wie benommen von dem Aufruhr legten die Mädchen die letzten selbtgewebten Wollteppiche aus. Günter und Johannes hatten in der Zwischenzeit das Brennholz, das ihnen gebracht worden war, sorgfältig gestapelt.

„Jetzt können wir Feuer machen und etwas essen", meinte Aban. „Danach müssen wir noch Wasser holen gehen."

An dem niedrigen Tisch, den sie auf den Balkon in die Sonne gestellt hatten, nahmen sie eine Mahlzeit ein, die aus Kartoffeln und etwas zähem Fleisch bestand. Die Luft war kristallklar, aber eben doch recht kalt, so daß sie an das Eis und den Schnee auf den riesigen Bergen erinnert wurden, die man ringsherum sehen konnte. Von ihrem luftigen Freisitz aus konnten sie das stets lebhafte Treiben im Dorf beobachten. Auf den kleinen, steinernen Wegen, die um das Dorf herumführten, waren Frauen mit Kindern zu sehen, eifrig beschäftigt, Wasser zu holen, Brennmaterial zu suchen oder auf die zottigen Jaks aufzupassen, die an einigen Abhängen die kümmerlichen Grasfetzen suchten.

Das harte Leben der Sherpas beeindruckte sogar die kleinen Kinder. Gerda war besonders still und nachdenklich. Nachdem sie ihr Geschirr abgespült und abgetrocknet hatten, nahm sich jeder einen Behälter, und die ganze Gruppe marschierte zur Wasserstelle, Aban mit Rita und Johannes allen voran. Sie hielten sich fest an der Hand, um gleichmäßig schnell zu gehen, denn in dieser Höhe war die Luft sehr dünn, und jeder litt auf seine Weise unter der Höhenluft. Günter, der sich mit Jasmin unterhielt, folgte als nächster. Von den drei Northcotts hatte er sich am schnellsten akklimatisiert. Jasmin und Gerda hatten in Leolali ja in einem hügeligen Gebiet gewohnt, so daß ihnen die hohen Berge nicht so viel ausmachten. Gerda blieb etwas zurück, um neben Anne zu gehen, der die Höhe eindeutig zu schaffen machte, obwohl sie sich nicht beklagte.

„Puh! Laßt uns einmal für eine Minute Luft holen!"

Als der steile Pfad zur Hälfte bezwungen war, ließ Anne sich erschöpft auf einen großen Stein sinken.

„Ist dir nicht gut?" fragte Gerda ängstlich. Anne zuckte nur die Schultern.

„Nur etwas schwindelig, danke. In ein oder zwei Tagen wird es mir schon besser gehen. Mach dir keine Sorgen, Gerda! Es wird bald wieder in Ordnung sein, ehrlich. Manche Leute brauchen eben länger als andere, um sich an die Höhe zu gewöhnen, das ist alles."

Gerdas ängstliches Gesicht entspannte sich wieder etwas. „Na ja, wenn du meinst", sagte sie zweifelnd.

„Ja, ich meine es", unterbrach sie Anne in altgewohnter Frische. „Na, was ist los? Warum schaust du mich so an?"

Das junge Mädchen stieß einen tiefen Seufzer aus, blickte unsicher zu Boden und trat mit dem Fuß gegen ein paar Steinchen auf dem Weg.

„Ich dachte nur gerade daran, wie fürchterlich es gewesen wäre, wenn du nicht mitgekommen wärst.

Auch wenn du jetzt krank würdest, wäre es schrecklich", sagte sie unsicher. „Ich meine, Aban ist zwar unheimlich nett, klar, aber wir kennen sie noch nicht so gut. Wir – ich glaube – wir haben – Gott eine ganze Menge zu danken, meinst du nicht auch?"

„Danke für die Blumen, aber ich glaube, ihr könntet notfalls auch ganz gut ohne mich auskommen", sagte Anne leicht daher. Aber innerlich betete sie ernsthaft um Weisheit. Es war ihr von vornherein klar gewesen, daß man bei einem so schwierigen Persönchen wie Gerda seine Worte vorsichtig wählen mußte, sonst würde man, selbst bei bester Absicht, mehr schaden als nützen. „Solange man nicht ohne Gott auszukommen versucht. Du hast recht, wir haben viel, viel Grund, ihm zu danken. Ich – hoffe, wir vergessen das nicht und werden nicht undankbar."

Gerda ließ die Schultern sinken und errötete. „Ich war undankbar", sagte sie mit belegter Stimme, „aber – aber es tut mir leid. Meinst du – meinst du, Gott ließe mich noch einmal von vorne anfangen?"

GERDAS WANDEL

„Aber geht ihr denn gar nicht in die Schule?"

„Nein." Ein allgemeines Kopfschütteln war die Antwort, wobei jedes der Kinder grinste oder lachte. Schließlich ergriff Torje, Thak Kungs ältester Sohn, der wie sein Vater ein paar Brocken Englisch sprach, das Wort.

„Keine Schule hier im Dorf. Andere Dörfer haben Schule. Hier nicht. Wir zu arm."

„Ihr wißt ja gar nicht, wie gut ihr es habt!" seufzte Günter. „Keine Schule, keine Hausaufgaben, kein Unterricht – klasse!"

„Günter, das kann doch wohl nicht dein Ernst sein?" sagte Jasmin vorwurfsvoll. Torje hatte ihn verständnislos angeschaut.

„Na ja, vielleicht ist es doch nicht ganz so gut. Jedenfalls ist es ein schöner Gedanke. Trotzdem ist die Schule ja gar nicht so übel, obwohl man manchmal viel zu tun hat. Manche Stunden machen Spaß, besonders wenn man etwas über Tiere und Pflanzen lernt", fügte er entschlossen hinzu.

„Ich weiß genau, daß ich lieber in die Schule gehe, als auf eine Herde Jaks aufzupassen", sagte Gerda überzeugt, und die anderen stimmten ihr zu.

Aban und die Engländer saßen nun schon seit zehn Tagen in Lamjura fest. In dieser Zeit hatten sie sich sowohl mit den Sherpa-Kindern als auch mit den Erwachsenen angefreundet. Trotz der Sprachschwierigkeiten konnten sie sich mit Hilfe der Zeichensprache ganz gut verständlich machen. Außerdem half ein Lächeln oder eines der komischen Wörter, die sie jeden Tag dazulernten. Die Kinder hatten nicht lange gebraucht, um sich darüber klar zu werden, wie hart und ärmlich das Leben der Sherpas war. Und sie selbst wurden ständig daran erinnert, wie gut sie es doch zu Hause gehabt hatten.

Fast alles, was sie als selbstverständlich angesehen hatten – komfortable Wohnungen, gutes und abwechslungsreiches Essen, das ohne Mühe zu beschaffen war – das alles gab es hier im Sherpa-Dorf nicht. Zwar waren die Häuser auch aus Holz und Steinen gebaut, um der Kälte im Winter standzuhalten, aber im Vergleich zu dem Lebensstandard in den Ländern des Westens boten sie wenig Komfort. Jeder Tropfen Wasser mußte beispielsweise täglich von der entfernt gelegenen Quelle geholt werden, das ganze Brennmaterial mußte man in den Bergen suchen und Nahrungsmittel konnten sie nur durch harte Arbeit erzeugen. Mit Ausnahme von zwei reicheren Häusern wurden die Sherpa-Häuser von kleinen Butterlampen erhellt. Und da die Häuser keine Schornsteine hatten, waren die Wohnzimmer entweder total verraucht oder eiskalt. Die reicheren Dorfbewohner hatten vielleicht einmal eine Öllampe, die ein Händler von einem weit entfernten Bazar mitgebracht hatte. Sie hielten ihre Zimmer rauchfrei, indem sie zum Kochen und Heizen Holzkohle benutzten. Aber auch dieser „Luxus" war nicht zu vergleichen mit dem, was die englischen Kinder von zu Hause gewöhnt waren.

Sogar die Kinder der Sherpas mußten arbeiten, manchmal sogar so schwer wie Erwachsene. Entweder waren sie auf dem Feld, oder sie mußten Wasser und Brennholz herbeischleppen oder die Jakherden weiden, die in der Landwirtschaft der Sherpas den Platz von Schafen und Kühen einnahmen. Die Mädchen und Frauen mußten die Kleidung für die Familie herstellen, Wolle spinnen, weben und das Jakhaar bleichen. Jakfleisch und -milch zusammen mit Kartoffeln bildeten die Hauptnahrungsmittel der Sherpas. Außerdem gab es noch Tsampa (gekochter Gerstenbrei) und Jakkäse sowie ein paar Gemüsesorten.

In Lamjura ging niemand in die Schule, weil es keine gab, und nur ein oder zwei der Männer, darunter Thak Kung, hatten sich jemals über die unmittelbare Umgebung ihres Dorfes hinausgewagt. In einer Zeit, als die Kartoffeln knapp waren, hatten sie sich als Bergführer von Expeditionsgruppen etwas Geld verdient.

„Und natürlich gibt es auch keinen Arzt, keine Krankenschwester und kein Krankenhaus. Die sind noch viel schlechter dran als wir in Leolali", meinte Jasmin ernst. Sie war ganz verblüfft, als Gerda genauso ernst nickte und ergänzend hinzufügte: „Das kannst du aber glauben! Wir dachten schon, wir wären Hinterwäldler. Aber im Vergleich zu Lamjura gehört Leolali ja zur zivilisierten Welt. Was können wir bloß dagegen tun, Jasmin?"

Diese Frage ihrer jüngeren Schwester kam für Jasmin völlig unerwartet. Sie war so verwundert, daß sie Gerda eine ganze Weile wortlos anstarrte. Noch ehe sie sich gefaßt hatte und etwas darauf erwidern konnte, schaltete sich Günter ein.

„Was heißt hier etwas tun? Was soll man denn da tun? Und warum sollten wir überhaupt etwas tun? Das ist nun mal ihre Art zu leben, und da haben wir doch nichts mit zu tun."

Die sonst so selbstsichere Gerda schien ein wenig unsicher zu werden und errötete sogar. Trotzdem schob sie entschlossen ihr kleines spitzes Kinn vor – eine Geste, die ihre Angehörigen zur Genüge kannten. Nur ging es diesmal nicht um sie selbst. „Ich meine, daß wir versuchen sollten, den Sherpas irgendwie zu helfen", sagte sie ernst. „Schließlich sollen wir ja so handeln wie Christen, oder nicht? Und wir – eh – sollen unsere Nächsten lieben wie uns selbst und ihnen Gutes tun. Wenn wir uns nicht um sie kümmern, sind wir nicht besser als solche, die vorübergehen, wenn sie sehen, daß einem anderen etwas passiert ist."

„Aha! Ja – ich glaube, du hast recht!" Günter wurde nachdenklich. Selbst Rita und Johannes waren von Gerdas Worten beeindruckt und fingen an, sich gegenseitig mit Vorschlägen zu übertreffen, was sie nun wirklich für Thak Kung und die anderen Sherpas tun könnten. Die Sherpa-Kinder unterhielten sich nicht minder lautstark in ihrer Sprache. Jasmin benutzte dieses Durcheinander und rückte näher an ihre Schwester heran.

„Gerda, hast du das wirklich ernst gemeint, das mit dem Christsein? Ich dachte, ... Du hast doch ..."

„Ich habe viel dummes Zeug geschwatzt", unterbrach sie Gerda. „Bitte, mach mir keine Vorwürfe, Schwesterchen! Ich war ein Idiot und Egoist, wie es selten einen gibt. Das weiß ich jetzt, aber – ich habe gesagt, daß es mir leid tut, und versuche nun, neu anzufangen. Anne sagt, das ginge, wenn es mir aufrichtig leid täte, und das tut es."

„Oh, wie schön!" Jasmin atmete erleichtert auf. „Ehrlich, Gerda, ich freue mich so. Ich versuche auch, neu anzufangen. Weißt du, so langsam verstehe ich etwas von dem, was Vati und Mutti uns immer klarmachen wollten: Es geht nicht um Namen aus einem Buch – es geht um den lebendigen Gott und seinen Sohn, Jesus Christus."

Gerda nickte und war erleichtert, sich den Northcotts zuwenden zu können, die gerade einen Schiedsrichter für ihren Streit brauchten. Der Wandel in ihrem Herzen war für sie selbst noch zu neu, um darüber mit anderen zu reden. Während der Entschluß, Jesus entschiedener nachzufolgen, bei Jasmin bewirkt hatte, daß sie mit ihrer Meinung nicht mehr hinter dem Berg hielt, war bei Gerda genau das Gegenteil der Fall. Sie, die immer mehr Fragen gestellt hatte als ihre Schwester, kam der Wahrheit nur sehr langsam nahe, aber ihre Gedanken waren tiefer. Obwohl sie echte Dankbarkeit gegenüber Gott entwickelt und dadurch ihre Selbstsucht erkannt hatte, wurde Gerda noch von vielen Zweifeln geplagt.

„Ich will versuchen, Gott zu danken und nicht mehr selbstsüchtig zu sein", hatte sie Anne vor ein paar Tagen unter vier Augen erklärt, als Jasmin und die Northcotts auf einigen von Thak Kungs jungen Jaks, die noch verhältnismäßig zahm waren, ausgeritten waren. „Aber es ist der Gedanke, Jesus als meinen Heiland anzunehmen, der mir zu schaffen macht. Ich meine, ich weiß, daß er verraten wurde und elend am Kreuz gestorben ist, aber was hat das mit mir und meinem Leben zu tun?"

„Sehr viel. Was zuvor eine unbestimmte Hoffnung war, soll zu einer felsenfesten Gewißheit werden", versuchte Anne zu erklären. Sie hatte auf dem Weg nach Lamjura selbst intensiv über ihren Glauben an Jesus nachgedacht. Mit vor Eifer geröteten Wangen fuhr sie fort: „Ehe Jesus auf diese Erde kam, war Gott hauptsächlich als der Schöpfer bekannt, ein großer, wunderbarer, aber auch furchtbarer Gott, von dem die Menschen nur wenig wußten. Jesus brachte dann buchstäblich das Licht. Er zeigte den Menschen, daß dieser Gott auch unser Vater ist, der uns liebhat, der geduldig und barmherzig ist und vergibt, so daß wir nach dem Tod bei ihm im Himmel sein dürfen, wenn wir an seinen Sohn glauben. Ist es nicht von größter Wichtigkeit, daß wir das wissen? Glaube ja nicht, Gerda, daß du der einzige Mensch bist, der Zweifel hat. Wie war es denn mit Thomas, dem Jünger Jesu, der nicht an die Auferstehung seines Herrn glauben konnte, bis Jesus es ihm selbst bewies? Weißt du, ich finde, das beste Beispiel für die Veränderung, die Jesus in einem Menschen bewirken kann, ist Petrus."

„Wieso?" Gerda war genug beeindruckt, um diese Frage zu stellen. Anne lächelte.

„Hm, ich glaube, hauptsächlich deshalb, weil ich nicht zu den Leuten gehöre, die allezeit ruhig und gelassen bleiben können und nie aus der Fassung geraten. Ich war nie besonders mutig – besonders nicht beim Zahnarzt! Aber Petrus auch nicht. Jedenfalls versagte er total, als Jesus gefangengenommen wurde. Er bekam solch eine wahnsinnige Angst, daß er nicht einmal zugeben wollte, den Mann zu kennen, der jahrelang sein bester Freund gewesen war. Solch ein Feigling war er! Aber weißt du, was nach dem Osterfest mit ihm passierte?"

„Er – er wurde der Führer der anderen Jünger und heilte Kranke und – ach ja, er hielt öffentlich eine Rede und erzählte allen Leuten von Jesus", fuhr Gerda nachdenklich fort, wobei sie sich an den biblischen Unterricht in der Schule und Sonntagsschule erinnerte, den sie so widerwillig über sich hatte ergehen lassen.

„Genau. Er wurde ins Gefängnis geworfen, weil er nicht schweigen konnte von dem, was er mit Jesus erlebt hatte, und am Ende seines Lebens war er bereit, sogar sein Leben für seinen Herrn zu lassen. Glaubst du nicht, daß einige sehr entscheidende Dinge geschehen mußten, um solch einen Wandel in einem Menschen zu bewirken? Ich denke, es muß sein felsenfester Glaube gewesen sein, Jesus sei alles das, was er von sich sagte. Und obwohl Petrus ihn später nicht mehr sehen konnte, wußte er, daß Jesus immer und überall bei ihm war."

„So habe ich das noch nicht gesehen!" erwiderte Gerda bestürzt.

„Das kann man auch nicht, bis einem klar wird, daß die biblischen Geschichten im Neuen Testament Aufzeichnungen von Menschen sind, die wirklich gelebt haben und keine Märchen oder Legenden", fuhr Anne fort.

„Es ist eigentlich direkt aufregend, wenn man sich das genau überlegt." Gerda war ungewöhnlich ernst geworden. „Vielen Dank, Anne! Ich glaube, ich verstehe so langsam, worum es geht."

„Aber bitte!" Anne lächelte. In ihrem Herzen dankte sie Gott, daß er ihr im Gespräch mit der kleinen Rebellin der Familie Oake die rechten Worte geschenkt hatte. „Wenn du dir die Mühe machst, im Neuen Testament zu lesen, was Jesus selbst gesagt hat, wirst du noch mehr Klarheit bekommen."

„Das will ich tun", erwiderte Gerda eifrig. „Ich habe ja genug Zeit, solange wir hier festsitzen. Und ich glaube, das einzige englische Buch, das wir hier haben, ist die Bibel. Ich habe die mitgenommen, die mir Vati vor Jahren geschenkt hat, und ich weiß, daß Jasmin eine neue zum Geburtstag bekommen hat."

„Gerda! Anne! Kommt ihr beiden! Wollt ihr nicht auch mal reiten?" hatte Jasmin in diesem Augenblick gerufen. So mußten sie ihr Gespräch beenden. Ohne Zögern rannten Anne und Gerda einen steinigen Pfad hinunter zu einer kleinen, verhältnismäßig ebenen Wiese, auf der die Amateur-Reiter ihr erstes Rennen austrugen. Trotzdem vergaß Gerda das Gespräch nicht. Wenn sie von etwas überzeugt war, wollte sie auch danach handeln. Tatkräftig, wie sie nun einmal war, hielt sie mehr von Taten als von Worten. Infolgedessen hatte sie sich auch in den nächsten Tagen still und unauffällig hingesetzt und in dem einen oder anderen der vier Evangelien gelesen. Und diesmal fand sie die vertrauten Worte nicht langweilig, sondern las sie voller Interesse und mit wachsendem Verständnis. Eine Folge davon war ihr Interesse für das Schicksal der Sherpas.

„Weißt du, Günter, wir könnten ihnen etwas Englisch beibringen, solange wir hier sind. Wenn wir dann weg sind, können wir ihnen Bücher und andere Dinge schicken. Dann werden sie sich mit den Forschern und Expeditionsgruppen, die hier vorbeikommen, unterhalten können. Wir können ihnen auch das Lesen beibringen. Rita, du kannst den Mädchen vielleicht zeigen, wie man strickt! Falls sie es noch nicht können", unterbrach Gerda das Wortgefecht der Northcotts.

„Ich zeige ihnen, wie man Fußball spielt", bot Johannes sich an. Für ihn war Stricken nichts anderes als ein langweiliger Zeitvertreib für Mädchen. „Das ist ein guter Sport, jedenfalls besser als Turnen."

„Ich weiß, wir organisieren eine Party für sie, machen einen Wettlauf und andere Spiele, wie bei einem Sportfest!" schlug Jasmin vor. „Das wäre etwas

Neues für sie, weil sie außer ihrer Arbeit ja nichts kennen."

„Klasse! Das machen wir! Kommt, wir wollen Anne und Aban fragen, ob sie das für eine gute Idee halten. Aban kann ihnen dann alles erklären."

Gerda wollte gleich losrennen, aber Jasmin hielt sie zurück.

„Das geht jetzt gerade nicht. Sie sind bei Frau Kung und wollen Gemüse kaufen. Und sollten wir die Sache nicht auch zuerst etwas besser vorbereiten? Wir brauchen zum Beispiel ein Programm und müßten dann auch eine Art Festtee kochen – und vielleicht ein paar Preise für die Sieger beschaffen, falls wir welche auftreiben können."

Gerda schmunzelte.

„Jasmin, du bist wieder mal schrecklich vernünftig! Aber du hast natürlich recht! In Ordnung. Wir wollen warten, und heute abend tagt dann der Familienrat. Es soll aber etwas Gutes werden, ein richtiges Fest!"

„Was gibt es denn zu feiern?" wollte Günter wissen. Aber Gerda lachte nur und wechselte das Thema. Jasmin ahnte, daß ihre Schwester einen besonderen Grund zum Freuen und Feiern hatte.

DAS ENGLISCHE FEST

„Wäre es nicht phantastisch, wieder einmal in warmem Wasser zu baden, das aus einem richtigen Wasserhahn kommt ..."

„... mit viel Seife und Badeschaum ..."

„... und große, weiche Handtücher zum Abtrocknen ..."

Die kleine Rita hatte dieses Thema angeschnitten, und sogar ihre Brüder beteiligten sich an der Unterhaltung, obwohl sie – wie alle Jungen – auf Badewasser eher allergisch reagierten.

„Bestimmt werden wir später – wenn wir wieder zu Hause sind, Wasser und Badezimmer mehr schätzen als bisher", fügte Anne hinzu, „und leichte Eimer ebenso!" lachte sie, als sie gerade einen der schweren, hölzernen Sherpa-Eimer mit Wasser gefüllt von der Quelle wegtrug. „Rita, mach deinen Eimer nicht zu voll, sonst kannst du ihn nicht mehr tragen!"

„Mir ist erst hier klar geworden, wieviel Wasser wir jeden Tag brauchen", erklärte Jasmin, als sie mit ihrem vollen Eimer zurücktrat, um Gerda Platz zu machen. Vorsichtig bewegten sie sich von einem glitschigen Stein zum andern und marschierten dann im Gänsemarsch nach Hause.

Seit sie in Lamjura wohnten, war das Wasserholen zweifellos eine ihrer wichtigsten, täglichen Aufgaben. Und doch wäre es, wie die älteren Mädchen feststellten, nur eine der vielen täglichen Verrichtungen, denen sie nachgehen müßten, wenn sie immer hier wohnten und nicht nur vorübergehend. Aber so teilten die Sherpas gerne ihre kärglichen Vorräte mit den Ausländern. Wahrscheinlich hofften sie, daß sie eines Tages dafür belohnt würden, indem die Europäer ihnen Geld oder Nahrungsmittel schicken würden.

Anne und Aban schrieben immer sorgfältig auf, was sie sich von den Sherpas geben ließen. Dabei waren sie sich sehr wohl bewußt, daß, wenn sie die von ihnen verbrauchten Lebensmittel nicht vor dem Winter irgendwie ersetzen konnten, einige ihrer freundlichen Gastgeber eine Zeitlang hungern müßten.

„Gut, das reicht fürs erste. Laßt uns jetzt zurückgehen. Ich habe Neri und Sola versprochen, ihnen zu zeigen, wie man das Alphabet schreibt." Mit diesen Worten hob Jasmin ihren Eimer hoch und machte sich auf den Rückweg ins Dorf.

„Sie lernen ganz schön schnell, nicht wahr? Wir fangen heute schon mit Wörtern an, und Torje weiß schon eine ganze Menge", sagte Gerda unterwegs. „Sie sind irrsinnig lernbegierig."

„Das sind sie, und deshalb klappt es auch so gut. Ich wünschte nur, ich könnte die Sherpa-Sprache genauso schnell lernen", keuchte Anne. Sie war außer Atem, weil ihr Eimer ziemlich groß und schwer war. Außerdem hatte sie sich immer noch nicht ganz an die Höhe gewöhnt.

„Immerhin versuchst du ja gleichzeitig noch Nepalesisch zu lernen", fuhr Aban lächelnd fort. Sie hatte ihren Eimer auf die eine Schulter gehoben und trug ihn auf diese Weise mit der außergewöhnlichen Anmut der indischen Frauen.

„Ja, ich glaube, ich versuche, auf beiden Schultern Wasser zu tragen, jetzt bildlich gesprochen", stellte

Anne lachend fest. „Oh, schaut, ist das nicht phantastisch?"

Alle blieben stehen und schauten in die Richtung, in die Anne zeigte. Die frühe Morgensonne war gerade über die beiden höchsten Berge am südlichen Ende des Tals aufgestiegen und hatte die letzten Nebelschleier zum Verschwinden gebracht. Jetzt war die Luft wieder kristallklar, so daß man deutlich die unzähligen weißen Gipfel und Bergketten sehen konnte, die sich wie ein endloses, gefrorenes Meer gegen den blauen Himmel abhoben.

„Herrlich! Dabei kommt man sich richtig winzig und – und unbedeutend vor!" meinte Gerda nachdenklich.

„Ich glaube, das schadet uns manchmal gar nicht. Ich jedenfalls liebe die Berge", sagte Jasmin begeistert. „Sie sind viel aufregender als das Flachland."

„Und etwas schwieriger zu begehen", beschwerte sich Günter, der nur Sandalen anhatte und durch die dünnen Sohlen den rauhen, steinigen Untergrund spürte. „Wenn wir noch länger hierbleiben, muß ich mir auch Tücher um die Füße binden, wie die Sherpas es tun."

Das erinnerte sie daran, wie wenig sie doch für ihren Aufenthalt in Lamjura ausgerüstet waren. Jeder hing seinen Gedanken nach, als sie ins Dorf zurückgingen. Auf einmal war ein kleiner Seufzer von Rita zu hören.

„Es macht mir ja nichts aus, hier zu sein", sagte sie unsicher, „aber ich wüßte doch gern, wann wir wieder nach Hause kommen."

„Das wüßten wir alle gern, Rita", sagte Anne tröstend. „Doch zumindest wissen wir, daß es nicht mehr allzu lange dauert, wenn die Nachricht von unserer

Rettung einmal durch Funk weitergegeben wurde."

„Und wenn wir uns beschäftigen, geht die Zeit noch schneller um", fügte Jasmin ermutigend hinzu. „Wir wollen möglichst vielen Sherpas etwas Lesen und Schreiben beibringen, ehe wir gehen. Und wir müssen noch das Programm für unser Fest fertigstellen – das ist ja schon heute in einer Woche."

Auch Gerda und Günter schalteten sich in die Unterhaltung ein. Auf diese Weise war das drohende Heimweh wieder einmal besiegt worden.

Jeder aus der Gruppe unterrichtete täglich eine kleine Klasse Sherpa-Kinder, die eifrig mitarbeiteten. Auch Thak Kung benutzte die Gelegenheit, um seine Englischkenntnisse wieder aufzufrischen. Anne versprach, sich später dafür einzusetzen, daß Lamjura eine Schule erhielt. „Wir wollen ihre Lebensweise nicht gleich total verändern", hatte sie im Gespräch mit Gerda und Jasmin gesagt, „aber wenn die Sherpas etwas lernen könnten, wären sie später auch in der Lage, mehr aus der Landwirtschaft herauszuholen. Vielleicht werden sie dann eines Tages sogar einen Sherpa-Arzt haben, um ihren Kranken zu helfen."

„Nein!" rief Gerda lebhaft dazwischen. „Es wäre schlimm für sie, wenn sie verweichlicht und unselbständig würden, wie das bei manchen Eingeborenen der Fall ist, wenn sie sich der westlichen Kultur anzupassen suchen. Ich habe Vati oft sagen hören, es sei der größte Fehler, die Leute dazu bringen zu wollen, eine andere Lebensweise zu übernehmen, als die, die sie gewohnt sind. Es ist komisch", fuhr sie nachdenklich fort, „ich habe mich früher nie darum gekümmert, was er damit meinte, aber jetzt weiß ich es. Es wäre völlig verkehrt und lieblos dazu, die Sherpas in Stadtmenschen verwandeln zu wollen."

„Das will ja auch niemand", entgegnete Anne. „Sie sind ein Bergvolk, und wir wollen ihnen ja auch helfen, es zu bleiben, nur vielleicht mit einigen nützlichen Dingen aus unserer Kultur, wie z.B. Erziehung, Medizin und Krankenhäuser."

„Und wenn sie Englisch lesen können, dann lesen sie vielleicht auch einmal die Bibel und erfahren so von Jesus", fügte Jasmin hoffnungsvoll hinzu. „Sie scheinen ihn ja nicht zu kennen, oder?"

„Nein, und ich glaube, das wäre sogar das Beste, was sie lernen könnten", sagte Gerda leise. Sie war immer noch sehr schüchtern, wenn es darum ging, von ihrer neuen Gesinnung zu reden. Trotzdem erkannte sie, wie Jasmin, von Tag zu Tag deutlicher, wie wichtig es war, Jesus persönlich in ihr Herz aufzunehmen. Das Wissen darum, daß Jesus bei ihnen war, auch in der rauhen, fremden Welt von Lamjura, bedeutete ihr eine große Hilfe. Das hätte sie sonst niemals erkannt, geschweige denn zugegeben.

In kürzester Zeit hatten die sieben mit dem kostbaren Naß das Dorf erreicht. Sie unterhielten sich noch über so manches, was sie vor ihrer Abreise aus Lamjura noch erledigen wollten. Die drei Northcotts interessierten sich natürlich mehr für das geplante Fest als für die ernstere Arbeit, die die drei älteren Mädchen zu tun versuchten. Aber auch Rita und Johannes machte die Abwechslung, einmal anderen Kindern etwas beizubringen, Spaß. Sie waren sehr stolz auf die Fortschritte ihrer Schüler. Da es so etwas wie eine Schule und reguläre Schulstunden nicht gab, fand der Unterricht zu jeder Zeit und an allen möglichen Orten statt. Die „Lehrer" begleiteten ihre Schüler beim Hüten der Jaks oder beim Brennholzsuchen, wobei sie ihnen die englischen Ausdrücke beibrachten.

Mit vielerlei Beschäftigungen während des Tages und öfteren Einladungen von Sherpa-Familien zum Abendessen mit anschließendem gemütlichen Beisammensein ging die Zeit ziemlich schnell vorbei. An dem Tag, als das „Englische Fest" stattfinden sollte, waren es genau drei Wochen, seit die drei jungen Mädchen zu ihrem Flug nach England aufgebrochen waren.

Zur Freude und Erleichterung aller wurde es ein schöner Tag. Ein leichter Wind wehte, und es war relativ warm. Schon morgens früh herrschte reges Treiben in Lamjura. Offiziell war das Fest für die Kinder der Sherpas angekündigt worden. Es sollte eine kleine Geste der Dankbarkeit sein für die Freundlichkeit und Gastfreiheit, mit der die Bewohner des Ortes die fremden Besucher aufgenommen hatten. Aber es war schnell klar geworden, daß das ganze Dorf zu dem Fest kommen würde.

„Wenn wir zwei Tische auf dem Dorfplatz zusammenstellen, hat das ganze Essen darauf Platz", schlug Anne vor. „Dann können wir alle während des Essens den Spielen zusehen."

„Du meinst so eine Art Buffet. Das ist gut", stimmte Gerda zu. „Wenn wir alles im Freien servieren, stinken wir nicht so nach Rauch und können alles überwachen."

„Und was können wir tun?" wollte Günter, unterstützt von Rita und Johannes, wissen.

„Ihr seid für die Wettspiele zuständig", beeilte sich Jasmin zu sagen. „Du hast ja die Liste, die wir ausgearbeitet haben, dann kannst du noch die Kleinigkeiten vorbereiten, die dazu nötig sind – du weißt schon, die Löffel und Seile usw."

„Klasse! Dann können wir ja gleich loslegen!"

Die drei Jüngsten waren so froh über ihre verantwortungsvolle Aufgabe, daß sie den ganzen Vormittag über munter an der Arbeit waren.

„Seid ihr sicher, daß wir genug Preise für die Sieger haben?" fragte Jasmin, als sie die Tischdecken auf die Tische legte.

„Das kommt darauf an, wieviele kommen und mitmachen. Zumindest haben wir etwas für die Sieger jedes Wettspiels, das wir vorbereitet haben", meinte Gerda vorsichtig. „Wir haben jede Kleinigkeit dazu hergeholt, die wir nicht unbedingt brauchen. Nur die Sachen, die wir anhaben, sind noch übrig."

„Ich glaube nicht, daß die Preise so wichtig sind, solange viele kommen", meinte Anne. „Hoffentlich haben wir genug zu essen. Aber Frau Kung sagt, wir könnten ruhig schnell mal zu ihr laufen, wenn wir vor Ende des Festes noch etwas brauchen sollten."

„Es ist eigentlich eine recht komische Tee-Party!" Jasmin warf einen prüfenden Blick auf die fertigen Platten, die sie nach Abans Anweisung auf die Tische stellten.

„Ich habe noch nie Kuchen aus Gerstenmehl und Jakbutter gebacken, das steht fest", sagte Anne lachend, „aber sie sehen gar nicht so übel aus. Ich hoffe nur, daß unsere Gäste auch verdauen können, was wir gebacken haben!"

„Solange sie genug Tsampa, Tee und Bratkartoffeln haben, werden sie zufrieden sein", meinte Aban und wischte sich den Schweiß von der Stirn. „Da, seht nur, unsere ersten Gäste kommen schon!"

Mit einem leichten Aufschrei versuchten sich die vier noch schnell sauberzumachen, um dann rechtzeitig wieder unten zu sein und die ersten Gäste auf dem Vorplatz begrüßen zu können. Für die Dorfbewohner war dieses Fest ein wichtiges Ereignis. Zu zweit, zu dritt oder als ganze Familie wanderten sie auf Dorjes Haus zu. Sie kamen mit entsprechender Würde und in ihren besten Kleidern. Jeder trug einen der schönen Schals, den die Sherpas bei besonderen Anlässen ihren Gästen und Besuchern schenken. Anne und die anderen Mädchen waren bald umgeben von flatternden Schals, als immer mehr fröhlich plaudernde Sherpas mit ihren Kindern auf den Hof kamen. Als Aban und Anne dann meinten, alle Gäste seien da, auch die, die nicht eingeladen waren, läutete Günter mit einer Jakglocke, die er geliehen hatte, um die Aufmerksamkeit der Leute auf sich zu lenken. Als sie dann einigermaßen ruhig geworden waren, hielt Aban in fließendem Nepalesisch die Willkommensrede, und Thak Kung übersetzte für diejenigen, die nur die Sherpa-Sprache verstanden. Dann ging der Spaß so richtig los. Unter Günters temperamentvollen Anweisungen, die Aban und Thak Kung übersetzten, stellten sich die Kinder nach Alter und Größe in Gruppen auf, und die Wettspiele konnten beginnen.

Es gab Eierläufe, nur wurden statt Eier Kartoffeln verwendet, die man auf Holzstäbchen balancierte, da nicht genug Löffel vorhanden waren. Dann normale Wettläufe, ein geniales Hindernisrennen, über Steinhaufen hinweg und unter Ästen hindurch, und am Schluß ein Dreibein-Wettlauf. Das war etwas völlig Neues für die Leute in Lamjura, und es gab ein großes Gelächter, wie auch als zwei Sherpas um die Wette an Pfosten hochkletterten.

Anne und ihre beiden Begleiterinnen hatten ihr Gepäck nach allen möglichen Kleinigkeiten durchstöbert, die sie verschenken konnten. Auch Aban hatte ihre Habseligkeiten durchsucht. Und dann gab es strahlende Gesichter, als die glücklichen Sieger Notizblöcke, Ansichtskarten, Bleistifte oder Kugelschreiber als Belohnung erhielten.

„Jetzt wollen wir alle essen und trinken", kündigte Aban an. Doch plötzlich waren laute Rufe zu hören. Alle drehten sich um und schauten auf die Stelle, wo ein schmaler Bergpfad um einen Felsvorsprung ins Dorf führte. Zwei Gestalten kamen näher. Aban übersetzte, was die Sherpas sagten: „Es sind die Boten, die für uns nach Chalikumba gegangen sind – um über Funk die Nachricht weiterzugeben, daß wir hier gelandet sind!"

DIE RÜCKKEHR

„Oh, was sagen sie denn? Aban, kannst du sie verstehen? Ist die Nachricht durchgekommen?"

Die Engländer hüpften aufgeregt um ihre Übersetzerin herum. Sie wünschten, genug von der Sherpasprache verstehen zu können, um zu erfassen, was gesagt wurde. Es muß nicht erwähnt werden, daß die ganze Festversammlung, einschließlich der Gastgeber, aufgesprungen war, um den zurückkehrenden Boten entgegenzueilen. Thak Kung hatte für die ziemlich gefährliche Tour durch die Berge in das größere Nachbardorf Chalikumba zwei der kräftigsten und zuverlässigsten jungen Männer von Lamjura ausgesucht. Aban drehte sich lächelnd zu den aufgeregten Kindern um.

„Diese beiden haben einen abenteuerlichen Weg hinter sich", erklärte sie. „Sie kamen erst nach einigen Pannen und Unfällen – einschließlich eines Erdrutsches – nach Chalikumba. Ja, die Nachricht ist gesendet worden. Allerdings mit Verzögerung, weil der Sender in Chalikumba kaputt war und die Leute dort auf ein Ersatzteil warten mußten. Deshalb hat es auch so lange gedauert, bis sie zurückkehrten."

„Aber was geschieht nun? Werden wir bald hier herausgeholt?" wollte Gerda wissen. Selbst Anne war neugierig auf die Antwort.

„Ja, klar. Ein Hubschrauber wird kommen und uns holen. Einen Moment mal!" Aban drehte sich um und bestürmte die Boten mit einer Unmenge von Fragen auf Nepalesisch.

„Ach so, sie sagen, die Behörden rechneten damit, daß die Boten mindestens fünf Tage für den Rückmarsch brauchten. Drei Tage später sollte dann der Hubschrauber starten, um uns abzuholen. Das – das ist ja bereits übermorgen, denn Parkay und Temba haben für ihren Marsch sechs Tage gebraucht!"

„Du meine Güte! Dann haben wir ja nur noch morgen Zeit zum Aufräumen! Ich nehme doch an, daß wir am Reisetag schon frühmorgens am Landeplatz sein müssen", sagte Jasmin verdutzt.

Jetzt, da sie wußten, daß sie Lamjura bald verlassen würden, tat es ihnen irgendwie leid, von den fröhlichen und großzügigen Sherpas Abschied nehmen zu müssen, denn sie waren ihnen während ihres erzwungenen Aufenthaltes zu guten Freunden geworden.

Es war offensichtlich, daß die Einheimischen genauso empfanden. Auch die Sherpas wurden traurig, als sie erfuhren, daß ihre jungen Besucher sie so schnell verlassen würden. Vorbei war es mit der fröhlichen Feststimmung, als sich die Nachricht verbreitete und alt und jung die Boten ins Dorf zurückbegleitete.

„So geht's nicht!" sagte Anne. „Heute ist ein Festtag, und wir dürfen den lieben Leuten die Freude nicht verderben. Aban, erzähl ihnen, daß wir, auch wenn wir sie bald verlassen müssen, die Freundlichkeit, die sie uns erwiesen haben, nie vergessen werden. Wir werden ihnen oft schreiben – und alles tun, um zu erreichen, daß sie eine Schule, ein kleines Krankenhaus und was sonst noch nötig ist, bekommen."

Aban nickte und lief der Menge ein Stück voraus. Dann drehte sie sich um und kletterte auf einen Steinhaufen, wobei ihr Gerda und Günter, die mit ihr gelaufen waren, halfen. So zog sie die Aufmerksamkeit der Leute auf sich und fing an zu sprechen. Thak Kung stand mit einem betrübten Gesicht am Wegrand, um wie früher das Nepalesische in die Sherpa-Sprache zu übersetzen. Nach Abans ersten Worten jedoch hellte sich sein Gesicht auf. Die Sherpas hörten ihm aufmerksam zu und fingen, einer nach dem andern, wieder an zu lächeln. Gegen Ende der Rede Abans waren alle wieder bei guter Stimmung.

„Wir wollen mit dem Fest weitermachen!" Das schien die Meinung aller zu sein. So nahmen sie die müden Boten in ihre Mitte und machten kehrt, zum „Festplatz" vor Angma Dorjes Haus. Irgendwie fanden alle auf Matten, Kissen oder herumliegenden Holzklötzen einen Sitzplatz. Jasmin, Gerda und die Northcotts brachten eilig die Tabletts mit knusprigen Kartoffel-Waffeln, Schüsseln mit Tsampa und Jakkäse herbei, während Aban und Anne am Tisch Tee ausschenkten. Zum Teekochen hatten sie Frau Kungs größte Töpfe ausgeliehen. Die freundliche Frau hatte ihnen auch gezeigt, wie man einige Delikatessen zubereitet, die die Sherpas gern essen, zum Beispiel Tupka, einen Auflauf aus Nudeln, Fleisch, Zwiebeln und Knoblauch. Jedermann ließ sich Annes Gerstenkuchen schmecken, obwohl sie nach westlichen Vorstellungen äußerst seltsam schmeckten.

Als dann schließlich die Sonne hinter den gewaltigen Berggipfeln, die ihre Hochebene umsäumten, unterging, machten Günter und Johannes ein großes Lagerfeuer auf dem Dorfplatz. Dann setzten sich alle Leute um das Feuer herum und sangen einige mitreißende Sherpa-Lieder. Als die Northcotts mit der Unterhaltung an der Reihe waren, brachten sie einen guten Vortrag eines alten Seemannsliedes. Jasmin und Gerda folgten mit dem Negro-Spiritual „Were you there". Anne rundete dann das Programm mit ihrem geistlichen Lieblingslied ab. Ihre Stimme war nicht sehr kräftig, dafür aber weich und melodisch. Die Zuhörer zeigten ihre Anerkennung durch eine absolute Stille während des Vortrags. Die Sherpas konnten natürlich die Worte nicht verstehen, waren aber offensichtlich von der Schönheit des Liedes tief beeindruckt. Am Ende gab es dann viel Beifall, und Thak Kung sagte irgend etwas zu Aban, die zuerst lächelte und dann ausgiebig darauf antwortete. Der „Bürgermeister" von Lamjura und alle, die nahe genug standen, um etwas zu verstehen, nickten nachdenklich.

„Was sagen sie? Hat es ihnen gefallen?" fragte Jasmin neugierig.

Aban nickte. „Sie wollten wissen, was das Lied aussagte, und dann habe ich ihnen von Gott und seiner Liebe zu uns erzählt. Dies war jedoch ganz neu für sie, versteht ihr. Aber sie wollen gern mehr darüber wissen."

„O Hilfe, wir haben ja kaum noch Zeit dafür übrig!" sagte Jasmin bestürzt. Gerda war ebenso überrascht, als sie plötzlich feststellte, daß sie eigentlich auch ganz gern noch in Lamjura bleiben würde. Auch war sie nicht weniger erstaunt, wie sehr es ihr am Herzen lag, das Evangelium denen weiterzusagen, die es noch nicht gehört hatten.

„Komisch! Ich fange an, mich wie eine Art Missionarin zu fühlen, nur predigen kann ich nicht", sagte sie sich. „Jedenfalls hätte ich mir das im Traum nicht einfallen lassen. Es ist ganz eigenartig, wirklich, aber jetzt, da ich allmählich begreife, wer Jesus wirklich war und heute noch ist, möchte ich, daß auch andere von ihm erfahren. Kein Wunder, daß Mutti und Vati als Missionare sich so hart eingesetzt haben. Sie kannten Jesus ja viel früher als ich. Jetzt kann ich sie verstehen."

Jasmin und Anne waren bereits eifrig dabei, den aufmerksam lauschenden Sherpas von dem Sohn Gottes zu erzählen, der für die Sünden aller Menschen am Kreuz gestorben war. Da Aban und Thak Kung übersetzen mußten, ging alles sehr langsam vor sich, aber jeder hörte interessiert zu. Und als dann schließlich die Dorfbewohner nach Hause gingen, hatten sie viel miteinander zu bereden. Offensichtlich war „das englische Fest" in mehr als einer Hinsicht ein großer Erfolg gewesen.

„Jedenfalls haben wir ihnen etwas zum Nachdenken und Diskutieren hinterlassen", bemerkte Anne, während sie und die Mädchen Günter und Johannes halfen, die Teppiche und Sitzkissen ins Haus zu tragen. „Wir können ihnen ein paar Bibeln hierlassen. Wenn Thak Kung dann noch etwas besser Englisch gelernt hat, kann er ihnen aus der Bibel vorlesen. Trotzdem müssen wir uns aber auch bemühen, daß sie eine Schule bekommen."

„Ja, wir müssen es versuchen", meinte Aban ernst. „Es kann noch eine Zeit dauern, aber wir müssen tun, was wir können."

„Wir werden es schaffen", meinte Jasmin zuversichtlich. „Schließlich ist es ja Gottes Wille, daß alle von ihm und von Jesus, seinem Sohn, hören. Dann wird er es doch auch möglich machen, oder nicht?"

„Da könntest du recht haben", stimmte ihr Gerda gähnend zu. „Hu! Ich bin schlagskaputt. Es war ein langer und aufregender Tag."

„Rita schläft schon fast", stellte Günter fest. „Ich

glaube auch, daß wir das mit der Schule schaffen werden. Unser Vater ist zwar Ingenieur und nicht Missionar, aber ich bin sicher, daß auch er den Sherpas helfen möchte."

„Je mehr Leute helfen, desto besser", versicherte ihm Anne. „Ja, natürlich kannst du helfen, Günter. Wir brauchen dich. Morgen müssen wir alles noch einmal besprechen. Ich glaube, für heute haben wir genug getan."

„Und ob!" murmelte Gerda müde. Die anderen pflichteten ihr bei, dann machten sie sich so schnell wie möglich fertig, um ins Bett zu gehen. Bald war es, abgesehen vom leisen Schnaufen der Jaks im Stall, still in und um Angma Dorjes Haus.

Der nächste Tag, ihr letzter in Lamjura, schien nur so vorbeizurauschen. Zugegeben, sie hatten wenig zu packen, wie Gerda feststellte, da sie ja alles bis auf ihre Kleider und ein paar wertvolle persönliche Dinge den Sherpas gegeben hatten. Aber das Haus mußte geputzt werden, wobei ihnen Thak Kungs Kinder halfen, und die Küchengeräte, die sie ausgeliehen hatten, mußten wieder zurückgegeben werden.

Frau Kung hatte ihnen angeboten, sich um die verbleibenden Sachen zu kümmern, nachdem die Besucher abgeflogen wären. Es dauerte alles schrecklich lange, denn fast jeder in Lamjura schien sich von den Ausländern persönlich verabschieden zu wollen. Und ehe sie es sich versahen, wurde es schon wieder dunkel. Zum letzten Mal aßen sie in Angma Dorjes Haus zu Abend, bevor sie sich schlafen legten.

Beim allerersten Lichtschimmer wachten Aban und Anne am nächsten Morgen auf. Sie zündeten zwei kleine Lampen an, zogen sich an und weckten die anderen.

„Ja, es ist Zeit. Willst du denn nicht nach Hause?" sagte Anne fröhlich. Mit einem Ruck setzte sich Gerda auf und war plötzlich hellwach.

„Komm schon, Jasmin, heute ist der große Tag!" verkündete sie so laut, daß auch die anderen alle wach wurden. „Oooh, rieche ich da etwa Kaffee?"

„Ja, eine Zugabe zu unserem letzten Frühstück hier." Aban gab ihr die dampfende Tasse. „Sherpa-Tee ist sehr gut ..."

„... aber man muß sich erst an den Geschmack gewöhnen", lachte Anne, wobei sie ihre Tasse entgegennahm.

„Besonders wenn sie ranzige Butter hineintun", beschwerte sich Jasmin. „Aber wir wollen nicht meckern, sie waren alle ganz prima zu uns, und ich bin ihnen allen sehr dankbar, trotz der seltsamen Dinge, die wir essen und trinken mußten", fügte sie dann schnell hinzu.

„Stimmt!" Gerda nickte und trank ihre Tasse leer. „Das tut gut! Morgens ist es doch immer ganz schön kalt. Gibt es auch etwas zu essen?"

Sie beeilten sich. Erst wuschen sie sich im eiskalten Wasser, das sie am Vortag an der Quelle geholt hatten. Dann zogen sie sich warm an und setzten sich um die Schüsseln mit warmem Haferbrei aus Abans Notkoffer. Während ihres Aufenthalts hatten sie soweit wie möglich von den Nahrungsmitteln der Sherpas gelebt, aber jetzt, da ihre unfreiwilligen Ferien zu Ende waren, spendierte Aban etwas von dem Vorrat europäischer Lebensmittel. Sie hielten sich nicht lange mit dem Essen auf. Doch noch ehe sie fertig waren, hörten sie Stimmen und Schritte auf dem Hof. Die letzten Augenblicke in Lamjura waren ziemlich hektisch. Schließlich eilten sie die dunkle Treppe hinunter, hinaus in die kalte Morgenluft, wo sich schon etliche Sherpas versammelt hatten. Unter ehrlichem Bedauern sagten sie Frau Kung, Neri, Sola und Dorje „auf Wiedersehen" und waren den Tränen nahe, als sie sahen, wie viele Dorfbewohner so früh aufgestanden waren, um sich von ihren Gästen zu verabschieden.

„Auf Wiedersehen! Wir werden euch nie vergessen! Und danke für alles!"

„Sho, sho!" (beeilt euch) sagte Frau Thak Kung lächelnd, aber mit traurigem Blick. Sie mußten ja rechtzeitig auf dem Landeplatz sein, um den Hubschrauber nicht zu verpassen.

„Tuche che, tuche che", sagten die Europäer im Chor. Dies waren mit die ersten Worte, die sie in der Sherpa-Sprache gelernt hatten. Sie bedeuteten „vielen Dank".

Thak Kung hob den Arm zum Gruß, dann brach er auf und ging mit einer Laterne voraus. Anne und die anderen folgten ihm, sowie ein halbes Dutzend Leute aus Lamjura, unter ihnen auch der nachdenklich vor sich hinblickende Angma Dorje. Jeder von ihnen trug eine Laterne, weil es noch nicht ganz hell war, so daß man kaum den Weg sehen konnte.

Der Weg zurück in den Westen hatte begonnen.

ENDLICH NACH ENGLAND

„Ach, ich bin so froh, daß wir jetzt bald nach Hause kommen – aber ich bin auch traurig!" Jasmin schien etwas durcheinander zu sein, aber die anderen verstanden sie nur zu gut. Alle befanden sich in einer seltsamen Stimmung, einer Mischung aus Aufregung, Vorfreude, Angst und Traurigkeit, so daß Lachen und Weinen sehr nahe beieinander lagen.

„Auf Wiedersehen, Thak Kung und ihr alle! Setzt euch richtig hin! Der Pilot sagt, es könnte ein etwas holpriger Flug werden." Abans Englisch war viel praxisnäher geworden, nachdem sie fast einen Monat mit Anne und den Kindern verbracht hatte.

„Das macht mir nichts, wenn wir nur sicher zu Mutti zurückkommen!" meinte Rita.

Vor weniger als einer halben Stunde war der Hubschrauber gelandet, und jetzt flogen sie mit dröhnendem Motor durch das Tal hinaus. Bald war der kleine Landestreifen nicht mehr zu sehen.

Im Innern des Hubschraubers war es viel zu laut, um sich unterhalten zu können. Die sieben Passagiere hingen in ihren etwas unbequemen Sitzen und dösten vor sich hin. Endlich, nach etwa zwei Stunden, drehte sich der Pilot um, lächelte und zeigte nach vorne. „Kathmandu", sagte er. Bei diesem Wort waren plötzlich alle hellwach. Neugierig drängten sie sich ans Fenster und schauten hinunter auf ein weites fruchtbares Tal, ein gewaltiger Gegensatz zu dem rauhen Gelände um Lamjura. Hier standen die Gebirgsmassive weit im Hintergrund, das Land war grün und in ein hübsches Mosaik von kleinen Feldern und Weiden aufgeteilt. Weißgetünchte Häuser waren wie Spielzeug auf einem Teppich darüber verteilt. Jetzt flogen sie den Flughafen an und landeten kurz darauf in der Stadt, von der aus die meisten Himalaya Expeditionen starten, besonders die zur Besteigung des Mount Everest.

„Puh! Was für ein Betrieb!" murmelte Gerda.

Als Opfer einer Flugzeugentführung – die Nachricht davon hatte sich in der ganzen Welt verbreitet – wurde die kleine Gruppe sofort von einem Schwarm Reporter von Zeitung und Fernsehen umringt. Doch glücklicherweise waren Dr. Southgate und Herr Northcott mit drei Botschaftsbeamten auch da. Nach einigen Formalitäten wurde die ganze Gesellschaft in zwei Personenwagen verstaut, und ab ging's, hinein nach Kathmandu.

„Ist wirklich alles in Ordnung, mein Junge? Wie geht es dir, Rita, und dir, Johannes?" Herr Northcott drückte abwechselnd jedes seiner drei Kinder an sich, während sie an den sorgsam gepflegten Reisfeldern vorbeifuhren und dann in die Randbezirke der Stadt kamen, wo sich malerische, alte Häuser im Sonnenlicht aneinanderlehnten, als ob das Gewicht der Jahre sie gebeugt hätte. Dr. Southgate war nicht weniger gerührt, aber er hatte seine Gefühle mehr unter Kontrolle. Ein paar Sekunden hatte er Anne am Flughafen fest an sich gedrückt und dann Jasmin, Gerda und Aban begrüßt. Erst danach wurden Fragen gestellt.

Im Gästehaus der englischen Botschaft sollten sie die Nacht verbringen. Endlich konnte jeder ein warmes Bad nehmen. Auch ein gutes, europäisches Essen wurde ihnen vorgesetzt. Als sie sich dann erfrischt und gestärkt hatten und, wie Gerda bemerkte, sich wie neugeboren fühlten, konnte das Erzählen beginnen.

„Natürlich muß es für euch noch viel schlimmer gewesen sein als für uns, denn uns ging es ja einigermaßen gut", sagte Gerda, die ehemalige Rebellin, ernst. „Es muß schrecklich für euch gewesen sein."

„Das kann man wohl sagen", sagte Herr Northcott und nickte.

„Sind Sie sicher, daß Vati nichts von unserer Entführung erfahren hat?" wollte Jasmin wissen. Dr. Southgate konnte sie beruhigen.

„Absolut sicher, Jasmin. Du brauchst dir darum wirklich keine Sorgen zu machen."

„Er ist sicher viel zu krank, als daß man ihm so etwas sagen könnte, oder?" Gerda schaute dem Arzt offen ins Gesicht. „Sie brauchen sich keine Mühe zu geben, uns etwas zu verheimlichen, Herr Doktor. Ich glaube, Jasmin und ich, wir sind beide – eh – etwas erwachsener geworden, seitdem wir Leolali verlassen haben. Und – und wir können jetzt vieles besser hinnehmen. Wir wissen, daß wir jemand haben, der uns hilft."

„Aha – die Ohren steifhalten und so, nicht wahr?" meinte Herr Northcott. Doch dann war er völlig überrascht über seine kleine Tochter.

„O nein, Vati. Gerda will sagen, daß sie weiß, Jesus ist immer bei ihr, um ihr zu helfen – und uns auch. Es ist viel wichtiger, daß man ihn kennt und versucht, ihm zu gehorchen, als – tapfer zu sein."

„Was weißt du denn schon, du kleine Maus!" murmelte der verblüffte Ingenieur. Dr. Southgate schmunzelte. „Aus dem Mund der Kinder ...", zitierte er. „Du hast recht, Rita. Aber jetzt glaube ich, daß ihr für heute genug Aufregung hattet, deshalb sofort ins Bett, alle Mann! Anne, du auch! Morgen können wir uns weiter unterhalten."

Es war kaum zu glauben, daß sie vor weniger als zwanzig Stunden noch in der Kälte und Dunkelheit von Lamjura aufgestanden waren. Die müden Reisenden gehorchten nur zu gern, und bald schliefen alle sieben friedlich in sauberen, weichen Betten. Am nächsten Tag verabschiedeten sich Aban und Familie Northcott, die zusammen nach Neu-Delhi flogen von den drei Englandreisenden und Dr. Southgate.

Rita standen beim Abschied Tränen in den Augen, obwohl sie sich so sehr nach ihrer Mutter sehnte. Sogar Günter und Johannes waren ungewöhnlich still und schluckten mehrmals, als sie den anderen die Hände schüttelten.

„Macht euch nichts draus! Wenn wir erst einmal in England sind, werden wir euch bestimmt wiedersehen. Vielleicht sogar recht oft!" sagte Jasmin mit gekünsteltem Lächeln.

„Auf jeden Fall werden wir euch oft von den Sherpas schreiben", fügte Gerda eifrig hinzu. So war der drohende Tränenausbruch abgewendet worden.

„Wir werden dich auch nicht vergessen, Aban!" Jasmin fiel der schlanken Stewardess um den Hals und drückte sie fest. „Wir werden dir schreiben, und vielleicht fliegst du ja eines Tages auch einmal nach Europa. Du mußt uns dann nur Nachricht geben, dann wollen wir versuchen, dich zu treffen!"

„Natürlich! Und eine Nachricht an meine Fluggesellschaft erreicht mich immer", versicherte ihnen Aban. „Wißt ihr", fuhr sie dann ernst fort, „nach unserem Aufenthalt in Lamjura wird niemand mehr ganz so sein, wie er früher war, glaube ich. Ich denke, daß wir alle viel gelernt haben – und wir dürfen nicht vergessen, wie gut Gott zu uns allen gewesen ist."

„Aban hat recht", bemerkte Gerda, als sie mit Jasmin und den Southgates beobachtete, wie Abans Flugzeug Kurs nach Süden nahm. „Ich dachte immer, wir wären in Leolali am Ende der Welt, aber Lamjura hat mir erst einmal gezeigt, für wie viele Dinge zu Hause ich dankbar sein kann!"

„Jetzt endlich geht's nach England! Ich kann es kaum glauben, daß es doch noch wahr geworden ist", sagte Jasmin drei Tage später. Diesmal waren die Mädchen an Bord eines Düsenflugzeugs. Sie waren von Kathmandu aus zuerst zu den Southgates geflogen, wo es ein fröhliches Wiedersehen mit Frau Southgate und Annes jüngeren Brüdern gegeben hatte. Von dort aus waren sie dann nach ihrer unterbrochenen Reise endgültig zu ihrem Flugzeug nach England aufgebrochen. „Es ist immer das gleiche! Jetzt, da alles vorüber ist, möchte ich unser Abenteuer um nichts in der Welt missen", bemerkte Jasmin.

„Du machst wohl Witze?" konterte Gerda. Aber plötzlich fing ihre Schwester an zu kichern.

„Eigentlich nicht. Siehst du, sonst hätte ich vielleicht nie einen echten Jak zu Gesicht bekommen!"

Anne und Gerda lachten fröhlich.

Als das Flugzeug über Frankreich war und sich immer mehr England näherte, wurden die Mädchen ungewöhnlich ernst. Trotz ihres neugefundenen Glaubens an Gottes Güte und des Wissens um die Gegenwart Jesu, schauten sowohl Jasmin als auch Gerda ängstlich in die Zukunft. Abgesehen von ihrem Vater und dessen schlimmer Krankheit stand ihnen nun die Begegnung mit ihrer einzigen, noch lebenden Verwandten, Tante Elisabeth, bevor, und die war ja für sie eine Fremde. Außerdem würden sie sich an ein völlig ungewohntes Leben unter lauter fremden Menschen gewöhnen müssen. Auch Anne würde nicht mehr bei ihnen sein, wenn sie erst einmal gelandet waren, denn sie mußte direkt nach Cambridge weiterreisen, während sie vom Flughafen aus in die entgegengesetzte Richtung, nach Cornwall, fahren würden. Auch Anne war sich der Tatsache bewußt, daß sie sich bald von den beiden Schwestern trennen mußte. Sie konnte mitempfinden, wie ihnen zumute war, und tat, was sie konnte, um ihnen zu helfen.

„Vergeßt nicht, daß ihr in England seid und mich jederzeit anrufen könnt! Hier ist meine Telefonnummer und meine Adresse in Cambridge. Wenn ihr euch also mal aussprechen wollt, braucht ihr mich nur anzurufen."

„Klasse, daran hatte ich noch gar nicht gedacht!" Gerdas finstere Miene hellte sich etwas auf. „Manchmal muß man einfach mit jemandem reden – da ist der Kontakt enger als wenn man schreibt", fügte sie hinzu. Die anderen verstanden sie und gaben ihr recht.

„Ja, das ist viel besser. Wir rufen dich an, sobald wir uns etwas eingelebt haben, und erzählen dir, wie es ist." Auch Jasmin schien erleichtert.

„Ja, tut das!" sagte Anne fröhlich. „Vergeßt nicht, daß das Telefonieren abends billiger ist. Wenn ihr einmal knapp bei Kasse seid, ruft abends an! Ihr wißt ja noch nicht, wieviel Taschengeld ihr bekommt." Das Wissen, daß sie zumindest eine Freundin hatten, mit der sie, wenn auch nur am Telefon, reden konnten, hatte die beiden Schwestern ermutigt. Mit etwas mühsamer Fröhlichkeit schafften sie es dann, sich von Anne zu verabschieden, als sie sich am Flughafen trennen mußten.

Eine der Flugbegleiterinnen war damit beauftragt worden, dafür zu sorgen, daß die beiden Mädchen in London in den richtigen Zug einstiegen. Damit war Anne die Verantwortung abgenommen, und sie war überzeugt, daß die beiden auch noch das letzte Stück ihrer langen Reise ohne Schwierigkeiten überstehen würden.

„Was geschieht, wenn wir nach Cornwall kommen, weiß kein Mensch", sagte Gerda philosophisch, als sie es sich auf den reservierten Plätzen bequem machten und der Zug mit langsam steigender Geschwindigkeit über ein Netz von Gleisen ratterte, die aus der Riesenstadt London hinausführten. „Trotzdem, einmal dachte ich echt, wir würden nie dahin kommen."

Es waren nur wenige Fahrgäste im Zug, und die beiden hatten die meiste Zeit ein ganzes Abteil für sich. Der Schaffner war angewiesen worden, die jungen Mädchen im Auge zu behalten, und da er selbst Töchter hatte, paßte er auf sie auf wie ein Vater. Sooft er konnte, kam er in ihr Abteil, um ihnen Sehenswürdigkeiten zu zeigen und die Orte zu nennen, an denen sie gerade vorüberfuhren. Gegen drei Uhr nachmittags kamen sie in Exeter an, wo sie in einen Personenzug mit nur zwei Wagen umsteigen mußten. Dieses Züglein brachte sie langsam zu der Moorlandschaft, wo die Mädchen zum ersten Mal die frische, herbe Luft von Westengland atmen konnten. Nach dem Krach, der Hitze und den lebhaften Farben Indiens sowie der Hektik und dem Lärm Londons schien hier alles seltsam still, friedlich und etwas farblos zu sein. Der weiche, undeutliche Devonshire-Dialekt, den die wenigen Leute im Zug sprachen, klang so fremd nach den piepsigen, singenden Stimmen der Inder, an die die Mädchen von Kindheit an gewohnt waren.

Schließlich hielt der Zug in einer kleinen Stadt im westenglischen Hochmoor. Hier war die Endstation der Bahnlinie. Wider einmal nahmen Jasmin und Gerda ihre wenigen Gepäckstücke und stiegen aus. Auf dem Bahnsteig schauten sie sich suchend um. Ob Tante Elisabeth wohl gekommen war, um sie abzuholen? Und wenn ja, würden sie sie überhaupt erkennen, oder würde die Tante sie erkennen? Kaum waren sie ein paar Schritte auf dem Bahnsteig gegangen, hörten sie eine freundliche Stimme hinter sich.

„Ihr müßt die Oake-Mädchen sein! Jasmin und Gerda, nicht wahr? Ihr armen Kinder, ich nehme an, ihr seid von dem vielen Reisen total kaputt. Kommt jetzt, wir werden gleich zu Hause sein!" Wie der Blitz drehten sich die Mädchen um, um zu sehen, wer mit ihnen sprach. Es war eine freundliche, etwas mollige, junge Frau mit glänzenden, braunen Augen und vollem, kastanienbraunem Haar. „Ich bin Frau Tremayne. Eure Tante hat mich gebeten, euch abzuholen."

„Oh – eh – freut mich, sie kennenzulernen." Jasmin erinnerte sich an ihre guten Manieren. Dann stieß sie Gerda leicht an, die ihre schmalen Augenbrauen zusammengezogen hatte. Etwas verstört sprach sie aus, was die beiden Mädchen am meisten interessierte.

„Wieso ist sie nicht selbst gekommen? Ist Tante Elisabeth krank?"

Der Glanz in Frau Tremaynes Augen erlosch, als sie zögernd antwortete:

„Nein, Frau Hillyer ist nicht krank, aber leider – naja, ihr werdet schon sehen, sie geht nie irgendwo hin."

TANTE ELISABETH

„Es tut mir leid, wir wollten Ihnen nicht wehtun. Es ist wirklich nett von Ihnen, daß Sie uns abholen", entschuldigte sich Gerda sofort, wobei sie rot wurde wie eine Tomate.

„Das ist doch nicht schlimm!" Frau Tremayne warf ihr ein verständnisvolles Lächeln zu. „Kommt her, steigt ein! Wir müssen noch ein Stückchen fahren." Sie führte die Mädchen zu einem großen, etwas heruntergekommenen Kombiwagen, der vor dem Bahnhof stand. Als die Mädchen eingestiegen waren und das Gepäck sicher verstaut war, setzte sie sich hinter das Steuer. „Wißt ihr, die Sache ist die", erklärte sie vorsichtig, während sie auf die Straße fuhr, „eure Tante ist eine Art Einsiedlerin geworden, als sie nach dem Tod ihres Mannes nach Ruanstowe zog. Soviel ich weiß, hat sie die Manor-Farm in den letzten fünf Jahren kein einziges Mal verlassen."

„Nicht einmal, um in die Kirche zu gehen?" fragte Jasmin erstaunt.

„Ich glaube, in die Kirche würde sie wohl zuallerletzt gehen – leider." Frau Tremayne seufzte tief. „Ihr müßt verstehen, sie hat viel Schweres durchgemacht, und es gibt ja Menschen, die können nach all dem Leid nicht mehr vergeben und vergessen. Vielleicht wird es aber jetzt besser mit ihr werden, wenn ihr bei ihr wohnt, besonders, wenn Dr. Oake wieder da ist. Mein Mann ist Pfarrer in Ruanstowe, und wir beide würden uns sehr freuen, wenn die Kirchenbank der Manor-Farm wieder besetzt würde wie früher, als Frau Oake – eure Großmutter noch lebte."

Als sie in die ernsten Gesichter der Mädchen schaute, fuhr sie fort: „Ihr dürft aber nicht meinen, eure Tante sei eine gräßliche oder schwierige Frau. Frau Hillyer ist ziemlich freundlich und liebenswert. Das Schlimme ist nur, daß sie nie aus ihrem Haus heraus und unter die Leute geht."

„Naja, schließlich hat sie auch niemand um sich herum gehabt", meinte Jasmin optimistisch. „Das wird sich von jetzt an ändern."

„Jawohl, bestimmt", bekräftigte Gerda. „Sie hat ja jetzt uns, um – eh – sie zu ermutigen, und wenn sie mit uns einmal weggeht, ist das ganz anders, als wenn sie allein weggehen müßte. Meinen Sie nicht auch?"

„Sehr richtig." Frau Tremayne nickte. „Wir wollen hoffen, daß ihr recht habt." Inzwischen hatten sie die engen Straßen der Kleinstadt im Moor hinter sich gelassen. Die Pfarrfrau beschleunigte den Wagen auf der schnurgeraden Landstraße und wechselte das Thema. „Gestern waren mein Mann und ich in Plymouth, um euren Vater zu besuchen."

„Und wie geht es ihm?" fragte Jasmin besorgt. „Können wir ihn auch bald besuchen?"

„Ja, ihr werdet ihn noch diese Woche besuchen können – Freitag fahre ich euch hin. Auf jeden Fall werden sie ihn wohl bald in das Krankenhaus von Starford bringen, und das ist nur acht Kilometer von Ruanstowe entfernt. Dort könnt ihr ihn jeden Tag besuchen", versicherte Frau Tremayne. Dann mußte sie sich auf den Verkehr konzentrieren, denn sie fuhren gerade durch Starford, wo Viehmarkt und deshalb viel Betrieb war.

Trotzdem war Gerda nicht entgangen, daß Frau Tremayne ihnen etwas verschwiegen hatte. Als sie den schlimmsten Verkehr hinter sich hatten, stellte sie in ihrer offenen, unbekümmerten Art ihre Frage: „Frau Tremayne, Sie haben uns nicht gesagt, wie es Vati geht. Ist er immer noch so schwer krank?"

Gerdas Stimme zitterte leicht, was der Pfarrfrau sofort auffiel. Jedenfalls hatte sie die Mädchen ziemlich gut eingeschätzt und nahm an, daß ihnen die Wahrheit lieber war als irgendeine vage Versicherung ihrerseits.

„Er ist immer noch ziemlich krank, Gerda, aber seit den letzten vierzehn Tagen geht es ihm doch schon etwas besser. Er ist jetzt nicht mehr auf der Intensivstation, ist auch viel kräftiger geworden. Ich glaube sicher, das Wiedersehen mit euch beiden wird Arznei für ihn sein. Er hat euch sehr vermißt."

„Wir ihn auch, aber wir steckten so tief im Schlamassel, daß wir kaum Zeit hatten, den Kopf hängen zu lassen", erklärte Gerda.

„Ach natürlich, ihr habt ja allerhand Abenteuer durchgestanden. Ihr müßt unbedingt davon erzählen. Übrigens hat Dr. Oake nicht erfahren, daß ihr entführt worden wart. Man hat ihm nur gesagt, daß sich euer Abflug von Leolali verzögert habe. So, jetzt habt ihr die letzte Strecke eurer Reise hinter euch – da vorne liegt das Dorf Ruanstowe, und die Manor Farm liegt zur Linken."

Neugierig beugten sich die Mädchen vor. Dies war also der Ort, von dem sie in der Hitze Leolalis so oft geträumt hatten. Sie konnten gerade noch etliche getünchte Häuser um eine kleine, graue Kirche herum und ein Friedhofstor erkennen, dann bog Frau Tremayne nach links in eine kleine Nebenstraße ein.

Einige hundert Meter fuhren sie zwischen hohen Hecken hindurch, bis direkt vor ihnen zwei große schmiedeeiserne Tore auftauchten. Ein älterer Gärtner öffnete ihnen das Tor. Als sie hineinfuhren, wartete auf der mit Kies bestreuten Einfahrt eine große, schlanke Frau auf sie. Frau Tremayne fuhr langsam hinein und brachte den Wagen zum Stehen.

„Hier sind die beiden, Frau Hillyer, gesund und munter!"

Jasmin und Gerda kletterten aus dem Wagen und schauten ihre unbekannte Verwandte verwirrt an. Ängstlich gingen die beiden Mädchen auf sie zu. Da entdeckte Jasmin, daß ihre große Tante auch etwas unsicher lächelte. Die Tante war offensichtlich genauso nervös wie ihre Nichten.

„Tante Elisabeth, wir sind so froh, daß wir endlich hier sind!" Jasmin gab sich große Mühe, ihre Schüchternheit zu überwinden, und Gerda stärkte ihr den Rücken.

„Ja, es ist prima – wie wenn man nach Hause kommt!" sagte sie so eifrig und begeistert, daß Frau Hillyers traurige Augen aufleuchteten.

„Es ist euer Zuhause", sagte sie mit einer schönen vollen Stimme, die Jasmin verriet, daß ihre Tante eine Sängerin war. „Ich hoffe, ihr fühlt euch wohl hier. Vielen herzlichen Dank, Frau Tremayne!

„Es war mir ein Vergnügen! Macht's gut, Kinder!" Nach ein paar weiteren Bemerkungen half Frau Tremayne noch, die wenigen Gepäckstücke auszuladen. Dann fuhr sie mit einem freundlichen Winken davon. Die beiden Mädchen nahmen ihre Koffer und folgten ihrer Tante. Dabei warfen sie zum ersten Mal einen Blick auf die Manor-Farm, auf der ihr Vater geboren war und sie jetzt leben würden.

Früher hatte es in Ruanstowe einmal ein großes Herrschaftshaus gegeben, das jedoch im Bürgerkrieg vollständig abgebrannt war. Die Besitzer waren wegen ihrer Teilnahme an diesem Krieg des Landes verwiesen worden. Das große Herrschaftshaus war nicht wieder aufgebaut worden, denn die Vertriebenen waren nie wieder nach Cornwall zurückgekehrt. Erst sehr viel später wurden einige der ursprünglichen Steine dieses Gebäudes dazu verwendet, um ein kleineres und weniger repräsentatives Haus zu bauen, die gegenwärtige Manor-Farm.

Das Gebäude war ziemlich lang und niedrig. Es hatte die Form eines L. Geißblatt- und Clematisbüsche kletterten an den steinernen Wänden bis zu dem grauen Schieferdach hinauf. Weiße Fensterrahmen und eine blaue Eingangstür verliehen dem Haus ein freundliches Aussehen. Wie es auf dem Land üblich war, stand die Tür weit offen. Als Gerda in die große Eingangshalle trat, die voller Blumenduft war, der sich mit dem scharfen Geruch der polierten Holzmöbel und des Kamins mischte, blieb ihr vor Überraschung fast die Luft weg.

„Das ist ja – geradezu phantastisch!" sagte sie mit heiserer Stimme, und zum ersten Mal lachte Tante Elisabeth.

„Ich bin froh, daß es euch gefällt." Sie fuhr mit der Hand zärtlich über den glatten Pfosten des Treppengeländers, das an einer breiten Treppe hinaufführte. „Das ist alles, was übriggeblieben ist von – oh, von so vielen schönen Sachen!" fügte sie leise, wie zu sich selbst, hinzu. Ihre Nichten tauschten vielsagende Blicke aus.

„Kein Zweifel, Tante Elisabeth liegt wirklich in vielen Dingen falsch!" so faßte Gerda nach einer Woche ihre Eindrücke zusammen, als sie und Jasmin gerade zu Bett gehen wollten. „Man sieht es schon daran, daß sie sich viel mehr um Dinge kümmert, zum Beispiel um das Haus, den Garten und die Blumen, als um Menschen. Und das kann doch nicht richtig sein, oder?

„Ich glaube auch nicht, daß das gut ist", bekräftigte Jasmin. Sie lag ausgestreckt mit unter dem Kopf verschränkten Armen auf ihrem Bett in dem großen, schönen Zimmer, das sie mit ihrer Schwester teilte. „Zum Beispiel hört sie immer interessiert zu, wenn wir von Lamjura und den Bergen erzählen, aber die Sherpas interessieren sie kein bißchen. Natürlich hängt das alles damit zusammen, daß sie Gott die Schuld an dem Unfall gibt, bei dem Onkel Jack und ihr kleines Kind vor Jahren umkamen."

„Vati könnte ihr das vielleicht ausreden, aber es dauert wohl noch Jahre, bis er wieder richtig auf den Beinen ist", sagte Gerda nachdenklich, während sie ihr Haar bürstete. „Bis dahin müssen wir versuchen, zu tun, was wir können."

Jasmin errötete etwas.

„Wir – wir könnten zumindest dafür beten", schlug sie vor. Gerda nickte ernst.

„Das ist klar, aber ich möchte auch selbst etwas beitragen", betonte sie, lebhaft wie immer. „Eins ist ja gut: Tante Elisabeth hindert uns nicht daran, in die Kirche oder sonstwohin zu gehen, wenn sie auch selbst nicht mitgeht – noch nicht. Aber ich bin ziemlich sicher, daß sie sich eines Tages doch aufraffen wird. Das Dumme ist nur, daß es so lange dauert, und ich möchte doch jetzt etwas unternehmen!"

„Ich auch, aber ich weiß nicht, was. Wir müssen eben weiterhin beten und sehen, was geschieht."

Die beiden fühlten sich auf der Manor-Farm äußerst wohl, besonders nach den Strapazen in Lamjura. Es war schon lange her, seit ihre Großeltern das Land bestellten. Inzwischen hatte man die meisten Felder an andere Farmer verpachtet, von denen einige Getreide anbauten. Andere benutzten die Felder als Weide für ihre schwarzbunten Kühe. Das Land unmittelbar um die Farm herum war ein riesiger Blumen- und Gemüsegarten mit zwei Gewächshäusern. Und in dem kleinen Obstgarten liefen und pickten ein paar braune Hühner herum. Nach dem Staub und der Hitze von Leolali erschien Jasmin und Gerda ihre neue Umgebung einfach großartig. Ein Kindheitstraum war Wirklichkeit geworden, wie sie sagten.

Noch vor ein paar Monaten hätte Jasmin in den Tag hinein geträumt und Gerda sich genauso gedankenlos amüsiert. Doch die Zeit in Lamjura hatte Spuren hinterlassen, und die beiden hatten sich nicht wenig verändert.

Tante Elisabeth versah die ganze Haus- und Gartenarbeit selbst, abgesehen von einer Putzfrau, die zweimal in der Woche vormittags kam, und dem alten Gärtner Endor, der jeden Nachmittag irgendwo herumhantierte. Frau Hillyer wurde ohne weiteres mit dem größer gewordenen Haushalt fertig, aber ihre Nichten machten ihr bald klar, daß sie nicht damit einverstanden waren.

„Wir helfen natürlich auch mit", sagte Gerda gleich am zweiten Tag, den sie auf der Manor-Farm verbrachten. „Es ist besser, wenn wir schon etwas eingearbeitet sind, wenn Vati zurückkommt. Er muß ja gepflegt werden. Und wenn er aus dem Krankenhaus ist, müssen wir auch zur Schule gehen, dann haben wir nicht mehr so viel freie Zeit."

„Richtig, und deshalb gewöhnen wir uns lieber jetzt schon an unsere Arbeit, damit wir sie auch neben der Schule und den Hausaufgaben noch erledigen können", fügte Jasmin genauso entschlossen hinzu.

Da Tante Elisabeth den Umgang mit jungen Leuten nicht gewohnt war, gab sie nach, wenn auch widerwillig.

„Ich muß sagen, ich hätte nicht gedacht, daß euch die Hausarbeit so viel Spaß macht, selbst Unkrautjäten scheint euch nichts auszumachen", bemerkte sie nach ein paar Tagen, als es sich gezeigt hatte, daß die Mädchen ihre Arbeit in Haus und Garten gut machten, ohne sich zu beschweren.

„Wir tun es nicht, weil es uns Spaß macht", erklärte Gerda, als sie tief in die Erde stach, um noch ein paar Distelwurzeln zu entfernen. „Die meisten Arbeiten sind furchtbar langweilig, aber sie müssen eben getan werden!"

„Es wäre einfach nicht recht, wenn wir dir nicht zur Hand gingen und dich alles allein tun ließen", betonte Jasmin und schwenkte siegreich das Unkrautbüschel in der Luft herum, das sie gerade ausgegraben hatte. „Puh, ist das ein Mordsding!" Scheu warf sie einen Blick in das traurige Gesicht ihrer Tante. „Das gehört doch zur – zur Nächstenliebe, oder nicht? Man soll anpacken, wo es nötig ist."

„Ich – verstehe." Frau Hillyer starrte einige Augenblicke in die vor Eifer geröteten Gesichter ihrer Nichten und ging dann still und nachdenklich wieder an ihre Arbeit.

SCHREIE AM STRAND

„Phantastisch! Vati kommt nächste Woche nach Hause, und Tante Elisabeth wird immer – immer umgänglicher!" rief Gerda gutgelaunt. „Als wir hier ankamen, war sie wie eine – wie eine Statue, vielleicht nicht so hart, aber sie zog sich doch immer wieder in ihr Schneckenhaus zurück. Man durfte ihr nicht zu nahe kommen und wußte nie, woran man mit ihr war. Sie war so etwas wie – wie ein Gespenst aus Fleisch und Blut. Verstehst du, was ich meine?"

„Du und deine Beschreibungen!" grinste Jasmin. „Aber ich verstehe, was du meinst. Ich nehme an, es ist genauso, wie Frau Tremayne sagt. Tante Elisabeth schien innerlich auch gestorben zu sein, als ihr Mann und Kind umkamen. Sie ist zwar unheimlich nett, aber man weiß nie, was sie empfindet. Sie ist wie ein Eisklotz."

„Stimmt, aber ich bin sicher, daß sie allmählich auftaut", sagte Gerda optimistisch. „Anne denkt auch so wie ich. Ich habe ihr gestern abend erzählt, wie überrascht Tante Elisabeth war, als wir anfingen, im Haushalt mitzuhelfen. Sie sagt, wenn wir ihr weiterhin zeigten – ich meine Tante Elisabeth –, daß wir uns um sie kümmern, würde es langsam besser mit ihr werden."

„Gut. Es ist klasse, mit Anne zu plaudern. Hat sie dir erzählt, daß sie noch einen Brief von Aban bekommen hat?"

Während sie sich weiter über die Southgates, die Northcotts und schließlich auch über ihre Sherpa-Freunde unterhielten, schlenderten sie langsam über das kurze Gras, das in dieser Gegend auf den Felswänden wächst, die steil aus dem Meer aufsteigen. Sie waren wieder mit dem Bus nach Starford gefahren und hatten ihrem Vater in dem netten kleinen Krankenhaus ihren täglichen Besuch abgestattet. Jetzt gingen sie über die Klippen zu Fuß nach Ruanstowe zurück. Es war zwar ein langer Weg, aber sie hatten es ja nicht eilig und kümmerten sich nicht um die Kilometer, die sie zurücklegen mußten. Unterwegs unterhielten sie sich angeregt darüber, wie sie zu Geld kommen könnten, um Schulbücher und vor allen Dingen Bibeln nach Lamjura zu schicken. An eine Schule für die Sherpa-Kinder wagten sie nicht zu denken. Aber sie wußten, daß die Southgates einige einflußreiche Persönlichkeiten kannten und auch Beziehungen zu christlichen Werken und Geschäftsleuten hatten, die sich um Schulen für Kinder in abgelegenen Gebieten kümmerten. Von diesen Leuten hofften sie, Mittel für eine Schule und einen Lehrer zu bekommen. Die Mädchen versuchten einen Plan auszuarbeiten, wie sie weniger teure, aber doch wertvolle Dinge, wie zum Beispiel Bücher und Schreibpapier, beisteuern könnten.

„Wenn wir selbst zur Schule gehen, wird es einfacher sein, denn dann können wir viele Mädchen für dieses Projekt begeistern!"

„Das glaube ich auch. Wir haben schon in der Sonntagsschule angefangen, und die meisten machen mit."

„Juhuuh!" Gerda stieß einen Freudenschrei aus und warf vor Begeisterung die Arme in die Luft. Sie war entzückt über den Anblick der grasbewachsenen

Klippen, auf denen Schafherden weideten. Die roten, braunen und grauen Felswände fielen steil zum Ufer ab, und unten brauste das Meer. Es war gerade Flut.

„Diese Landschaft hier", antwortete sie auf Jasmins fragenden Blick, „diese Frische und Freiheit ist doch genau das, was wir uns immer wünschten. Es ist fast zu schön, um wahr zu sein. Und selbst mit den Dingen, die mir nicht so gefallen, zum Beispiel, daß Vati mehr oder weniger arbeitsunfähig bleiben wird, kann ich mich jetzt viel besser abfinden. Weißt du was, Jasmin", fuhr sie ungewöhnlich ernst fort, „wenn ich daran denke, was für ein nichtsnutziges Ding ich noch an meinem Geburtstag war, wie ich an allem und jedem herumgenörgelt habe, dann – nun, dann komme ich mir fast so vor, als sei ich nicht mehr dieselbe Person. Deshalb möchte ich auch Tante Elisabeth so gern helfen, daß sie zu Jesus findet. Ohne ihn wird sie nie richtig leben. Das haben wir doch erfahren, oder nicht?"

„Genau." Jasmin dachte in diesen Tagen nicht so intensiv nach wie ihre Schwester. Aber weder für sie noch für Gerda bestand der leiseste Zweifel daran, daß ihr Leben erst dann Sinn und Bedeutung bekommen hatte, als sie Jesus als ihren Heiland und Helfer erkannt und angenommen hatten. Wenn er im Mittelpunkt des Lebens steht, kommt alles andere an den richtigen Platz. Auch Enttäuschungen und Probleme lassen sich dann – mit seiner Hilfe – überwinden. Obwohl keine der beiden Schwestern dazu veranlagt war, ihre Gefühle zu zeigen, waren beide im tiefsten Innern froh und dankbar, daß ihr Vater sich so sehr über ihre Veränderung gefreut hatte, daß es ihm schon wesentlich besser ging, seit sie in Cornwall waren. Doch seine Gesundheit war zu sehr angeschlagen, um jemals wieder arbeiten zu können, jedenfalls längst nicht mehr so wie früher. Seine Töchter wußten genau, daß er für den Rest seines Lebens bestenfalls Halb-Invalide sein würde. Dieses Wissen hatte sie alle tief getroffen, und doch waren die drei dadurch enger denn je zusammengewachsen.

„Mach dir nicht so viel daraus, Vati! Von nun an gibst du die Anweisung, und wir sind die – die ausführenden Organe", hatte Gerda erklärt. Die Tatsache, daß seine Töchter mit der neuen Situation so gut fertig wurden, bedeutete dem Vater eine große Hilfe.

„Das stimmt, und dann kannst du alle Aufzeichnungen über Unterernährung, die du gesammelt hast, ins Reine schreiben, auch über – ach, ich kann mich nicht mehr an die medizinischen Ausdrücke erinnern, aber alles, was du in Leolali entdeckt hast", fügte Jasmin hinzu. „Gerda und ich lernen schon Maschinenschreiben, um sie dann abzutippen. Vielleicht wird eines Tages sogar mal ein Buch daraus."

Mit diesen Gedanken beschäftigt, näherten sie sich der Landspitze, die nahe der Manor-Farm lag. Ein schmaler Weg führte von dort bis zum Haus hin.

„Dr. Southgate hat Anne erzählt, daß Vati mit seinen Erfahrungen aus erster Hand gut ein Buch schreiben könnte. Das würde ein Standardwerk auf seinem Gebiet", bemerkte Gerda voller Stolz. „Das hat Vati sehr ermutigt, und ich glaube, er wartet schon ungeduldig darauf, mit dieser Arbeit beginnen zu können, sobald er nach Hause kommt."

„Ich nehme an, es wird ihn mit Befriedigung erfüllen, daß er trotz allem in der Lage ist, auf dem Gebiet der Medizin etwas Nützliches zu leisten, auch wenn er nur dasitzen und schreiben kann." Gerda war derselben Meinung. Plötzlich fing sie an zu kichern. „Ich kann nur eins sagen: Am besten gibt er uns ein gutes Wörterbuch, wenn wir diese komischen, medizinischen Wörter richtig schreiben sollen, ich bin sowieso nicht gut in Rechtschreibung!"

„Ich auch nicht!" meinte ihre Schwester. „Ich glaube – hör mal, hat da nicht jemand gerufen?"

„Was du alles hörst! Wer sollte schon hier sein? Keine Menschenseele ist in Sicht!"

„Nein, aber ich habe etwas gehört – mag sein, es waren die Möwen, die machen ja einen fürchterlichen Krach!"

Tatsächlich war im Moment nur das Schreien der Möwen und das gelegentliche Blöken der Schafe zu hören. Dazu kam das Brausen der Wellen, die klatschend an die Felsen schlugen. So weit das Auge reichte, waren die beiden die einzigen menschlichen Wesen. Nachdem sie stehengeblieben waren, um sich umzuschauen, gingen sie weiter, auf den schmalen Weg zu, der nach Hause führte.

„Mu – Mutti! Ich will zu meiner Mutti! Mutti!" Durch die Möwenschreie hindurch hörten sie plötzlich ein leises Weinen. Erschrocken blieben die Mädchen stehen.

„Da ist jemand!" flüsterte Jasmin. „Aber wo?"

„Pst!" sagte Gerda und lauschte. Als sie dann nichts mehr hörte, legte sie die Hände an den Mund und rief laut: „Hallo! Wo bist du? Ruf weiter!"

Unmittelbar darauf kam die Antwort. „Ich bin hier! Mutti! Ich will zu Mutti! Ich habe Angst!"

„Da drüben!" Jasmin zeigte auf eine ziemlich steil abfallende Felswand. Gerda nickte und rannte los, wobei sie immer wieder rief: „Wir kommen! Wo bist du?"

Als sie näher an die Felswand herankamen, war es

gar nicht so einfach, die schwache Stimme aus all den anderen Geräuschen herauszuhören. Außerdem wurde das Brausen des Meeres immer lauter und übertönte fast alles andere.

„Wahrscheinlich ist jemand von der Flut eingeschlossen worden", vermutete Gerda. „Ein kleines Kind, der Stimme nach zu urteilen. Komm, Jasmin, wenn wir uns auf den Boden legen, können wir über die Felswand hinuntersehen.

Schnell, aber vorsichtig krabbelten sie an die Felskante heran und schauten nach unten. Die Wellen schlugen an den Fuß des Felsens, so daß das Wasser hoch aufspritzte. Zuerst konnten die Mädchen niemand sehen. Doch plötzlich entdeckte Gerda einen blaugrauen Fleck, der dunkler war als die Umgebung.

„Da unten – ein blauer Anorak! Sieht aus, als ob er zwischen den Felsblöcken eingeklemmt wäre! Schnell, Jasmin, da drüben können wir runterklettern – es gibt genügend Vorsprünge, an denen wir uns festhalten können!"

„Wir müssen uns beeilen, denn die Flut kommt schnell herein!" Wie ihre Schwester wurde auch Jasmin plötzlich schneeweiß im Gesicht, als sie an die drohenden Gefahren dachte. Aber keine der beiden zögerte länger als einen kurzen Augenblick.

Gerda biß sich auf die Unterlippe, als sie konzentriert über die Kante hinweg nach unten kletterte. In diesem Teil der Nordküste Cornwalls waren die Klippen zwar steil, aber von Vorsprüngen und Einkerbungen durchzogen, die einen guten Halt beim Klettern boten. Entschlossen verdrängte Gerda den Gedanken, daß der Aufstieg wohl wesentlich schwieriger werden würde als der Abstieg. Im Moment galt es hinunterzuklettern.

Sie kamen erstaunlich schnell voran, und es dauerte nicht lange, bis Gerda feststellte, sie könnte vollends zum Strand hinunterspringen. Sofort schlug eine Welle über ihren Schuhen zusammen und rollte dann wieder zurück. Die beiden wußten, daß sie nicht viel Zeit hatten. So schnell sie konnten, stolperten sie über die herumliegenden großen und kleinen Felsbrocken. Gerda ging voraus bis an die Stelle, wo sie den blauen Anorak gesichtet hatte.

„Hier Jasmin!" keuchte sie und zwängte sich zwischen zwei Felsblöcken hindurch.

„Bitte helft mir! Bitte!" wimmerte eine leise Stimme aus einer Felsspalte unmittelbar vor ihnen. Gerda atmete schwer.

„Schnell, Jasmin! Es ist ja gut, Kleiner, wir sind ja jetzt da!" Sie beugte sich nieder, um den Träger des blauen Anoraks hochzuheben. Es war ein kleiner Junge, noch jünger als der kleine Johannes Northcott. Er wandte den Mädchen ein blasses, schmutziges und tränenverschmiertes Gesicht zu.

„Mein Bein ist hier eingeklemmt, ich kann nicht aufstehen!" schluchzte er und wandte sich zur Seite, als eine neue Flutwelle bis in die Felsspalte drang. Trotz seines instinktiven Ausweichversuchs blieben nur Kopf und Schultern trocken.

„Nicht weinen, mein Junge!" tröstete ihn Gerda, obwohl sie selbst am ganzen Leib zitterte. „Hier, Jasmin, hilf mir, ihn aufrecht zu halten. Ja, so. Hast du ihn? Gut, kannst du ihn etwas stützen, während ich nachsehe, wo er eingeklemmt ist?"

„Ja, er ist nicht schwer. Weine nicht, Kleiner! Wir lassen dich nicht allein", beruhigte ihn Jasmin. „Können wir den Felsbrocken wegschieben, Gerda?"

„Ich glaube kaum", brummte ihre Schwester, „ich

hab's schon probiert. Aber, schau, er ist seitlich eingeklemmt. Wenn wir ihn etwas hinaufschieben, so daß er aufrecht stehen kann, können wir ihn vielleicht herausziehen."

„Gute Idee! Leg die Arme um meinen Hals – wie heißt du eigentlich? Albert? Nun, dann halt dich fest, Albert!" Jasmin hob ihn langsam hoch. Das war in der engen Spalte gar nicht so einfach, denn der Junge war schwerer, als er aussah.

„Au!" Eine noch größere Welle als die vorige hatte sich an den Felsen gebrochen, so daß das kalte Wasser hoch aufspritzte und die Mädchen und Albert völlig durchnäßte.

„Puuh!" Gerda schüttelte ihr nasses Haar aus dem Gesicht und runzelte die Stirn. „Wenn die Spalte groß genug für ihn war, um hineinzufallen, muß er auch wieder herauskommen können", murmelte sie. Sie sandte ein Stoßgebet zum Himmel, denn offensichtlich konnten sie den Felsbrocken nicht bewegen, und die Flut stieg unaufhörlich.

„Ich glaube, sein Gewicht hat ihn hineingedrückt", grübelte Jasmin, wobei sie den Jungen immer noch krampfhaft festhielt. „Es muß aber eine Möglichkeit geben! Gerda, versuch doch mal, mit der Hand in die Spalte zu greifen und ihm den Schuh auszuziehen. Das hilft vielleicht!"

„Jasmin, du bist ein Genie!" Gerda folgte sofort dem Rat ihrer Schwester. Sie beugte sich tief ins Wasser und tastete vorsichtig in die Spalte hinein. Dabei stellte sie fest, daß Albert dicke Lederschuhe anhatte. Sie fummelte an den Schuhriemen herum, löste sie und zog dann mit aller Kraft an dem Schuh. Doch er bewegte sich keinen Millimeter.

„Albert, beweg deinen Fuß hin und her und dann

heraus aus dem Schuh!" befahl sie. „Los, du schaffst es, ich habe die Riemen aufgemacht!"

Auf einmal schöpfte der Junge neue Hoffnung und gehorchte. Ein kurzer verzweifelter Kampf, und plötzlich gelang es Jasmin, ihn aus seiner Falle herauszuziehen. Er war naß und ohne Schuh, aber unverletzt.

NACH DER RETTUNGSAKTION

„Es hat keinen Wert, Jasmin, so kommen wir nicht weiter! Der Kleine ist todmüde, und wir sind auch am Ende unserer Kraft!" Gerda ließ sich auf einer schmalen Felskante nieder und atmete schwer. „Jetzt sind wir über der Fluthöhe und erst mal in Sicherheit."

Jasmin nickte, sie war völlig außer Atem. Es war ungeheuer anstrengend gewesen, mit dem Kind so weit an der Felswand hochzuklettern, denn der Kleine war nach all der Aufregung zu erschöpft, um sich selbst viel helfen zu können. Nur die Furcht vor der steigenden Flut hatte ihn dazu gebracht, sich überhaupt vorwärtszubewegen. Die beiden Mädchen hatten ihm abwechselnd zugeredet und ihm Angst gemacht, sonst hätte er längst aufgegeben. Doch jetzt war er am Ende seiner Kraft. Obwohl auch Jasmin todmüde war, arbeiteten ihre Gedanken fieberhaft. Schließlich machte sie einen Vorschlag:

„Wir können nicht bis zur Ebbe hier warten, Gerda. Tante Elisabeth würde sich zu sehr aufregen – und am Ende fallen wir alle drei noch in die Tiefe. Es ist gräßlich steil hier!" seufzte sie. „Sobald du dich etwas erholt hast, kletterst du allein weiter. Die Küstenwache ist an der nächsten Bucht, das ist nicht so weit wie der Weg nach Hause. Die haben Seile und Rettungswerkzeuge. Ich werde mit Albert hier warten!"

Das war das Vernünftigste, was sie tun konnten,

darüber herrschte kein Zweifel. Trotzdem war Gerda etwas skeptisch.

„Das wird aber eine schrecklich lange Warterei für euch werden, Jasmin", sagte sie leise. „Bist du sicher? Soll nicht ich bleiben ..."

„Nein, du kannst besser klettern als ich und auch schneller laufen. Los, geh! Aber paß auf, daß du nicht ausrutscht und dir noch etwas brichst, sonst sitzen wir ganz schön in der Tinte!" fügte sie mit bebender Stimme halb lachend, halb weinend hinzu.

Gerda nickte.

„Ich werde vorsichtig sein. Versprich du nur, daß – daß du nicht einschläfst und hinunterfällst!"

„Verspreche ich dir! Geh nun, Gerda – und paß gut auf!"

„Du auch. Ich bin so schnell ich kann wieder zurück. Und – bete bitte!" fügte sie mit einem kurzen, bedeutsamen Blick hinzu, der mehr aussagte als Worte. Beide Mädchen hatten entsetzliche Angst – Gerda vor dem tosenden Wasser unter ihr, und Jasmin vor der Gefahr, von dem schmalen, schlüpfrigen Felsvorsprung hinunterzufallen. Doch trotz ihrer Angst erfüllte sie eine gewisse innere Ruhe. Es war ein Gefühl, als würden sie von einer unsichtbaren, aber doch spürbaren Kraft gehalten. Es war die Gewißheit, daß Jesus, ihr Heiland, bei ihnen war.

In dieser Gewißheit konnte Gerda zwar zitternd, aber mit sicheren Griffen die Felswand hinaufsteigen, während Jasmin, die Arme fest um Albert gelegt, sich fest an den Fels lehnte. Von ihrem Platz aus konnte Jasmin ihre Schwester nur ein kleines Stück beim Klettern beobachten, aber sie sprach unentwegt auf Albert ein, um ihn zu beruhigen. Und Gerda gelang es, die schäumende Brandung unter sich zu vergessen.

„Ich hab's geschafft, Jasmin! Ich bin oben! Halt aus, ich bin bald zurück!" kam bald eine dünne, heisere Stimme von oben.

„Klasse! Lauf los, Gerda!" rief Jasmin zurück. Dann wurde es still. Sie bereitete sich auf eine lange, unangenehme Wartezeit vor.

Oben rannte Gerda, so schnell sie ihre müden Beine trugen, zu der nahegelegenen Küstenwache. Die Hilfe war näher, als sie dachte. Gerade war sie die erste Senke hinuntergerutscht und wollte eben den nächsten Hügel hinaufsteigen, als zwei kräftige Gestalten auf der Kuppe des Hügels auftauchten.

„O Gott, danke! Ich danke dir!" Gerda griff sich an ihre stechende Seite, winkte und rief mit letzter Kraft: „Hallo! Hilfe!" Als dann ein Antwortruf zurückkam, sank sie erschöpft ins Gras.

Die nächste Stunde erschien Gerda wie ein Traum. Sie wußte, daß sie gerade noch die Kraft hatte, kurz zu erklären, wo Jasmin und Albert saßen. Dann wurde ihr alles aus der Hand genommen. Jemand trug sie an die Stelle zurück, wo sie an der Felswand hochgeklettert war. Dort durfte sie sich ausruhen, während die Küstenwache ruhig und sachlich die Rettung vorbereitete. Die Polizei und auch andere Leute schienen von überall herbeizuströmen. Jemand hatte sogar ein Funksprechgerät. Und auf einmal saßen Jasmin und Albert neben ihr im Gras. Kurze Zeit später hob man sie alle drei auf und trug sie zur Manor-Farm.

„Du meine Güte, Kinder, wie seht ihr denn aus!" Tante Elisabeth war völlig außer sich, als sie an der Tür die Gruppe in Empfang nahm.

„Wir sind okay, Tante, ehrlich!" versicherte ihr Jasmin gleich. „Nur ein bißchen müde und total durchnäßt, das ist alles."

Frau Hillyer hatte sich ausgesprochen schnell gefaßt, obwohl ihr der Schrecken noch im Gesicht geschrieben stand.

„Ich mache gleich ein heißes Bad und Tee", rief sie und schaute an ihren Nichten vorbei auf Albert, der triefnaß und tränenüberströmt im Arm eines Polizisten lag. „Oh, geben sie ihn mir! Es ist ja gut, Herzchen, jetzt passiert dir doch nichts mehr!" Sie drückte Albert fest an sich und schaute die beiden Mädchen über seinen Kopf hin an. „Ihr zwei geht ins Badezimmer, und ich versorge diesen jungen Mann hier in der Küche! Herr Brady, vielleicht kommen Sie mit und erzählen mir die Geschichte, während ich ihn versorge – ach, und Herr Kivell, vielleicht sollten Sie auch mitkommen und für uns alle Tee kochen!"

Der Polizist und der Mann von der Küstenwache waren nur zu gern bereit dazu und, wie Gerda später bemerkte, hatte Tante Elisabeth bald jedem eine Aufgabe zugeteilt. Stück für Stück wurde der Hergang der Geschichte geschildert und von den anderen ergänzt und kommentiert. Nebenher wurde kannenweise Tee gekocht und getrunken.

„Das also ist Albert, er kommt wohl nicht aus dieser Gegend. Ich habe ihn jedenfalls noch nie im Dorf gesehen", erklärte Wachtmeister Brady. „Für Sommergäste ist es noch viel zu früh. Ich muß ihm ein paar Fragen stellen. Vielleicht ist er ja schon als vermißt gemeldet worden."

„Ich werde ihn heute nacht hier behalten", warf Tante Elisabeth ein. „Ja, bitte, lassen Sie ihn hier – es sei denn, man findet schnell genug heraus, wo und wer seine Eltern sind. Die müssen sich ja schreckliche Sorgen um ihn machen."

„Aber natürlich. Hier ist er gut aufgehoben, bis wir

seine Eltern ausfindig gemacht haben. Ich melde mich, sobald wir Näheres wissen, Frau Hillyer."

Der Polizist und die Männer der Küstenwache verabschiedeten sich. Dann brachte Tante Elisabeth das völlig erschöpfte Kind in einem der vielen Gästezimmer der Manor-Farm zu Bett. Als sie ins Wohnzimmer zurückkam, sah sie, daß sich ihre Nichten vor Müdigkeit kaum aufrechthalten konnten.

„So, Kinder, nun geht ihr auch ins Bett! Ihr seid ja todmüde!" Dabei schaute sie ihre Nichten besorgt an. Als die dann gehorsam aufstanden, zog sie sie völlig unerwartet an sich. „Ich bin sehr stolz auf euch beide – und euer Vater wird auch stolz sein, wenn er von eurer Rettungstat erfährt", sagte sie leise.

Jasmins blasses und müdes Gesicht strahlte vor Glück. „Oh, meinst du wirklich? Wir konnten den armen Jungen ja nicht einfach ertrinken lassen!"

„Jedenfalls hatten wir gräßliche Angst", gab Gerda ehrlich zu. „Nur – wir wußten, daß Jesus bei uns war, und das half uns. Ich – spürte seine Gegenwart jeden Moment, du nicht auch, Jasmin?"

„Ja, genauso wie damals, als wir im Flugzeug waren." Jasmin sah, wie das Gesicht ihrer Tante einen verbissenen Ausdruck annahm. „Ist das nicht seltsam, Tante Elisabeth? Wir sagten immer, Religion und alles, was damit zusammenhängt, sei nichts für uns. Aber als dann die Schwierigkeiten anfingen, wie Vatis Krankheit und die Flugzeugentführung, nun – da wurde uns klar, daß es ohne Gott nicht geht. Er hat uns durch diese schweren Tage hindurchgeholfen."

Frau Hillyer ließ die beiden plötzlich los.

„Es ist aber nicht immer so, zum Beispiel, wenn unsere nächsten und liebsten Menschen von uns genommen werden", entgegnete sie schroff.

Gerda ließ sich nicht beirren.

„A-aber, obwohl es traurig ist und furchtbar, ist es nicht doch das Beste für sie? Ich meine, sie sind ja zu Jesus gegangen und sind jetzt bei ihm – in der Herrlichkeit. Sollten wir da nicht versuchen, uns darüber zu freuen, auch wenn wir einsam zurückbleiben?"

Tante Elisabeth zog scharf die Luft ein, und für einen Moment fürchtete Jasmin und Gerda, sie hätten zuviel gesagt.

„Wir – wollten dir keine Predigt halten, Tante Elisabeth", stieß Jasmin hervor. „Es ist nur – jetzt haben wir mehr oder weniger persönlich erfahren, daß Jesus lebt und uns hilft. Das ist etwas ganz anderes als von ihm zu hören."

Tante Elisabeth schaute in die ernsten Gesichter ihrer Nichten und schien sich langsam zu entspannen.

„Geht jetzt zu Bett, Kinder!" sagte sie ruhig. „Ich bringe euch noch ein Tablett mit einem kleinen Imbiß. Nein, es ist schon gut, ich bin nicht böse. Ihr – ihr habt mir etwas zu denken gegeben."

Plötzlich drückte Jasmin ihre große Tante fest an sich und humpelte dann zusammen mit Gerda, die verlegen das Gesicht verzog, aus dem Zimmer.

Später saßen sie dann im Bett und verdrückten Hähnchensalat mit Butterbrot, Kirschen und Vanillesoße. Auf einmal klingelte es an der Haustür, und gleich darauf waren im Hausflur unten aufgeregte Stimmen zu hören.

„Ich nehme an, daß Alberts Eltern gekommen sind." Gerda lehnte sich zufrieden zurück. „Aua! Mein Rücken und meine Beine tun mir fürchterlich weh. Trotzdem fühle ich mich schon viel besser. Glaubst du, Tante Elisabeth hält uns für freche Gören, weil wir das zu ihr gesagt haben?"

„Ich hoffe nicht." Jasmin gähnte herzhaft. „Ich, ich bin sooo müde!"

„Ich auch, aber ich glaube, ich kann noch nicht einschlafen", meinte Gerda. Doch nach ein paar Minuten fielen beide in einen tiefen Schlaf.

„Waren Alberts Eltern gestern abend da, Tante Elisabeth?" fragte Gerda am anderen Morgen beim Frühstück. Trotz des gestrigen Abenteuers fühlten sich die Mädchen, abgesehen von Muskelkater und ein paar blauen Flecken, frisch und munter.

„Ja, sie kamen gestern abend und sind jetzt noch oben in dem großen Gästezimmer", lächelte Frau Hillyer. „Albert schlief schon fest, als sie kamen, und weil es schon so spät war, bat ich sie, über Nacht zu bleiben."

„Woher kommen sie? Sie sind doch nicht aus der Gegend hier, oder?" wollte Jasmin wissen.

Tante Elisabeth runzelte etwas die Stirn.

„Es ist eigentlich eine Schande. Sie haben überhaupt keine richtige Wohnung, sondern hausen in einem alten Wohnwagen. Deshalb konnte das arme Kind leicht weglaufen. Sie parkten auf einem Feld hinter dem Dorf. Herr Rose, Alberts Vater, war weggegangen, um Arbeit zu suchen, und Frau Rose, um Milch zu holen."

„Es muß schlimm sein, wenn man kein richtiges Zuhause hat", seufzte Gerda. „Erinnerst du dich an die Hütte, Jasmin, die wir bauen mußten, ehe die Sherpas uns retteten?"

„Sicher! Oh, war die kalt und zugig! Es war zwar besser als gar nichts, aber auch nicht viel mehr. Und wenn die Sherpas das Haus des alten Angma Dorje nicht für uns hergerichtet hätten, wäre das auch nicht viel besser gewesen."

„Vielleicht können wir den Roses helfen", meinte Gerda voller Eifer. „Wir könnten an jedem Haus in Ruanstowe klingeln und vielleicht auch noch in Starford, um zu sehen, ob es nicht irgendwo eine Hütte oder etwas gibt, wo ..."

„Prima! Wir könnten zuerst den alten Bloss auf dem Postamt fragen. Er weiß alles, was in dieser Gegend vorgeht ..."

„Ich – ich habe eine kleine Hütte, die noch frei ist", warf Tante Elisabeth ein. Sie errötete etwas, als ihre Nichten sie fragend ansahen. „Es – es ist eine Hütte, die ich von meinen Eltern geerbt habe. Ich weiß nicht, in welchem Zustand sie ist, aber sie hat drei Räume, eine Küche und ein Bad, soweit ich mich erinnern kann."

„Meinst du, daß die Roses darin wohnen könnten? Das wäre ja klasse! Wir wollen uns das Ding gleich einmal ansehen!" Gerda hätte vor Eifer fast ihre Kaffeetasse umgeworfen.

„Sie steht auf der anderen Seite des Friedhofs", fuhr Frau Hillyer leise fort. Dabei fiel den Mädchen plötzlich ein, daß sie sich ja niemals von der Manor-Farm entfernte.

Jasmin legte die Hand auf den Arm ihrer Tante. „Kannst du uns hinbringen, um sie anzusehen, Tante Elisabeth?" bat sie. „Das wäre doch für die Roses eine prima Sache!"

Es entstand eine Pause. Tante Elisabeth schien mit sich zu kämpfen. Schließlich überwand sie sich und stieß hervor: „Ich – ich bringe euch hin, wenn ihr fertig seid."

Die Mädchen vergaßen ihre Scheu, sprangen auf und umarmten ihre Tante so heftig, daß sie fast umgefallen wäre.

„Siehst du, Anne, es wendete sich alles zum Besten!" plauderte Gerda eine Woche später am Telefon. „Tante Elisabeth geht tatsächlich wieder aus dem Haus, sie läßt Alberts Familie in der Hütte wohnen und hat Herrn Rose einen Job gegeben. Er hilft dem alten Endor im Garten, weil dieser nun doch fast zu alt dafür ist. Und", fuhr sie nach einer kurzen Pause fort, „was meinst du, gestern ging sie mit Jasmin und mir zum Gottesdienst! Ist das nicht phantastisch?"

„Hervorragend! Ihr habt gute Arbeit geleistet! Übrigens, heute morgen bekam ich Post von Vati. Der Pilot und alle Männer, die mit uns im Flugzeug waren, kamen vor kurzem völlig erschöpft aus dem Dschungel. Kurz nachdem sie uns ausgeladen hatten, mußten auch sie landen und haben mehrere Wochen gebraucht, um herauszukommen. Vati sagt, sie seien in einer miserablen Verfassung, würden aber davonkommen."

„Das freut mich", sagte Gerda von Herzen. „Weißt du, ich werde ihnen immer dankbar sein. Sie haben viel für mich getan!"

„Für mich auch", fiel Jasmin ein, „wenn man bedenkt, daß wir Vati jetzt viel besser helfen können, daß Tante Elisabeth wieder aufgelebt ist und die Roses ein Zuhause haben – daß außerdem die Sherpas irgendwann eine Schule bekommen werden – dann muß man doch sagen: Das alles wäre wahrscheinlich nie passiert, wenn unser Flugzeug nicht entführt worden wäre!"